Prométhée ou le mythe de l'origine du feu

Prométhée ou le mythe de l'origine du feu

Les études modernes sur l'humanité primitive.

Edgard Quinet
Albert Riville

Editions le Mono

ISBN : 978-2-36659-554-3
EAN : 9782366595543

Introduction

Prométhée, d'après la mythologie, serait fils de Japet et de la belle Clyméné, une des océanides, selon Hésiode, (ou de Thémise, selon Eschyle). Il serait le premier à former l'homme du limon de la terre et à lui avoir donné le feu.

*

Deux opinions principales, d'époques diverses, ont eu cours chez les anciens, touchant Prométhée[1].

La première, celle qui de beaucoup est la plus ancienne, et qui a eu pour interprètes Hésiode et Eschyle, représente Prométhée comme le rusé contempteur des dieux, l'impie ravisseur du feu céleste, et, en même temps, comme l'instituteur du genre humain, le propagateur des arts et des secrets de l'Olympe.

---

[1] Charles Magnin (1793 – 1862), dans *Prométhée poésie de M. Edgar Quinet.*

Une seconde tradition, moins ancienne, et qui n'a pour garants que des poètes et des mythologues plus récents et des monuments d'une date peu reculée, fait de Prométhée non-seulement le vulgarisateur des arts, mais le créateur des hommes, statues d'argile, d'abord muettes et insensibles, qu'il anima et illumina du feu du ciel. Hésiode et les tragiques ne disent rien de cette création. Même silence, non moins remarquable, dans Aristophane, qui lui aussi a mis Prométhée en scène. Dans la fameuse révolte des oiseaux contre les dieux, Aristophane n'a pas manqué de faire accourir le vieil ennemi de Jupiter. Mais, conformément au génie comique, l'échappé du Caucase n'est, dans la cité de Néphélococygie, qu'un cabaleur craintif, une sorte de Thersite olympien. Aristophane n'oublie pas de rappeler burlesquement le grand bienfait de Prométhée, le don du feu : « C'est à toi, lui dit un mauvais plaisant, que nous devons de faire des grillades. »

Première partie

Le mythe de Prométhée et les études modernes sur l'humanité primitive[2]

Le nombre est grand, depuis les beaux jours de la muse hellénique, des esprits qui ont vu autre chose qu'une fiction légendaire dans le récit du titan enchaîné, expiant dans d'affreuses tortures son affection pour la race humaine et son indépendance en face de Jupiter ; mais de quelles mystérieuses régions ce mythe étrange nous était-il venu ? C'est l'érudition allemande qui a résolu cette énigme comme tant d'autres, et un savant prussien, M. Adalbert Kuhn, nous a donné, sur les notions de l'humanité primitive relativement à l'invention du feu, un travail plein de l'érudition la plus sagace à la fois et la plus prudente, vérifié plus tard et confirmé, pour ce qui concerne spécialement le mythe de Prométhée, par M. Steinthal, professeur de

[2] Par Albert Réville (1826 – 1906).

philologie à Berlin, et en France par les remarquables études de M. Frédéric Baudry. Peu de questions ont donné lieu à plus de surprises. C'est sans contredit un des résultats les plus intéressants de ce voyage de découvertes à travers les régions inexplorées de nos origines que d'avoir démontré les rapports étroits qui rattachent les mythes relatifs à l'invention du feu aux mythes parlant de ce breuvage divin qui, sous les noms de *soma* dans les Indes, d'*ambroisie* chez les Grecs, d'*odhroerir* chez les peuples du Nord, joue un si grand rôle dans les mythologies aryennes. Un bâton qui tourne dans un trou pratiqué au milieu d'une bûche, voilà le point de départ. La plus auguste des conceptions que l'homme ait pu se former de la destinée et de la volonté divine, voilà le point d'arrivée, et c'est une ligne directe qui va de l'un à l'autre.

Il faut plonger dans les abîmes de l'océan traditionnel de l'humanité, remonter bien au-delà d'Hésiode et d'Homère pour saisir le point initial du mythe et en suivre les transformations mystérieuses.

I

Tout le monde sait que, selon la mythologie grecque, Prométhée est un titan puni par Jupiter pour avoir dérobé le feu du ciel et l'avoir communiqué aux hommes. Enchaîné sur un rocher du Caucase, chaque jour dl voit un aigle ou un vautour se repaître de son foie, qui se reforme chaque nuit. Cependant le moment doit venir ou un fils de Jupiter, Hercule, grand redresseur de torts, délivrera l'infortuné, et du consentement de son père lui permettra de reprendre sa place parmi les dieux. Tel est en quelques mots le fond de la tradition mythologique, immortalisé par la céramique, la statuaire, la peinture et la poésie. Tel est le fruit dont on a retrouvé le germe égaré dans les ténèbres de l'antiquité la plus reculée.

La linguistique et l'ethnologie comparées, ces deux sciences sœurs, de création récente encore, ont mis hors de discussion le fait que tous les peuples qui couvrent le sol de l'Europe depuis le commencement des temps historiques forment avec ceux qui ont habité dans l'antiquité l'Asie-Mineure, la Perse et l'Inde une même race que caractérisent des traits d'une évidente parenté. Les seules exceptions seraient, en Europe, les Basques, les Magyars, les Turcs, les Finnois, les Lapons et quelques tribus ougriennes et tartares de l'empire russe, et encore ces peuples, surtout les quatre premiers, par leur mélange avec la grande race qui les entoure ou les envahit graduellement, ont-ils été modifiés au point de se confondre presque entièrement avec elle. Dans l'Inde, il faut également distinguer les castes supérieures et conquérantes des populations inférieures, lesquelles passent par degrés insensibles dans le type dravidien et malais, qui prédominait dans l'énorme péninsule antérieurement à l'invasion brahmanique ; mais, ces exceptions une fois reconnues, il est constant que les Hindous, les Perses, les Grecs, les Latins, les Slaves, les Germains, les Scandinaves, les Celtes sont les rameaux divergents d'un même arbre dont il est possible d'assigner le tronc originel aux régions de la Bactriane et du Haut-Oxus. Des caractères communs de tout genre, physiques, linguistiques, intellectuels, religieux, moraux, les distinguent nettement de la race sémitique et de la race noire, qui les avoisinent au sud, de la race mongole, qu'ils ont laissée à l'ouest, et des Ougro-Finnois, qu'ils ont refoulés vers le nord.

Cela posé, il est facile de comprendre que les langues, les mythes et les traditions respectives des peuples de cette race aryenne présentent au-dessous de leurs innombrables variétés des éléments communs qu'il est possible de dégager par l'analyse et la comparaison. Ainsi il n'est pas rare qu'une racine verbale primitive, désignant un objet quelconque, à la seule condition que cet objet remonte loin dans son application à la vie humaine, se retrouve sous toutes les dérivations qu'elle a subies dans les différentes langues, anciennes et modernes, parlées par les populations issues de ce tronc commun. Il en sera de même de certaines idées ou conceptions physico-religieuses particulières à tout le polythéisme indo-européen. Toutes les fois que l'on peut constater cette communauté de langage et de pensée, on a le droit d'affirmer qu'elle remonte jusqu'aux temps, d'ailleurs inconnus, où l'unité de la race était encore indivise. L'hypothèse, si aisément admise autrefois, d'un emprunt ou d'une propagation ne saurait se soutenir sérieusement quand il s'agit d'un mot ou d'une idée religieuse qui se retrouve, par exemple, sur les bords du Gange et sur ceux du Shannon. D'autre part, il est clair que les mots, les croyances, les usages, attestés par les monuments les plus anciens, les plus rapprochés du berceau commun, sont en possession d'une autorité supérieure, qui en fait les pierres de touche des mots, des croyances, des usages analogues qui ne nous sont connus que par des témoignages bien postérieurs. C'est ainsi que se fonde l'incontestable priorité du sanscrit et des Védas, ces livres sacrés du brahmanisme, tout remplis des hymnes que chantaient les premiers Aryas quand ils descendirent des plateaux supérieurs de l'Asie dans les vallées de l'Indus et du Gange : non pas, bien entendu, qu'on puisse considérer le sanscrit comme la langue même que parlaient les communs ancêtres des Indiens et des Européens, mais il en est le dérivé le plus pur, le plus immédiat, pour ainsi dire un dialecte. Le zend ou langue des anciens Perses participe, bien qu'à un degré déjà moindre, de cette aristocratie historique.

Ce que nous disons de la langue doit se dire aussi de la religion. Les croyances religieuses qui inspirent les chants les plus anciens des Védas représentent presque exactement le patrimoine que chacun des peuples issus du tronc primitif emporta avec lui en se répandant sur la terre. Et pour en revenir à notre sujet spécial, voilà pourquoi la science des étymologies et des religions grecques, forcée de s'arrêter à chaque pas devant d'insolubles problèmes, tant qu'elle était circonscrite dans le dictionnaire et dans la tradition purement helléniques, a pu augmenter indéfiniment ses trésors depuis que la philologie comparée, s'emparant de cette riche veine si longtemps ignorée, lui a permis de rapprocher des Védas la langue et les croyances d'Homère, d'Hésiode et de Pindare.

Pour connaître les origines du mythe de Prométhée, il faut donc remonter dans les croyances de notre race plus haut que les plus anciens poètes grecs, et c'est la littérature des Védas qui nous permettra de le faire ; mais en même temps nous voici en face d'un de ces problèmes délicats et graves que pose à notre intelligence civilisée la grande question de la vie primitive de l'humanité. Comment l'homme, découvrit-il le moyen de faire du feu ? On cite avec éloges les noms des grands inventeurs qui, depuis les temps historiques, ont arraché quelques-uns de ses grands secrets à la nature jalouse, nous délivrant ainsi de la servitude et fondant le règne de l'esprit sur la matière ; mais qui saura jamais le nom du grand génie qui le premier dota l'humanité du pouvoir divin de créer à volonté la chaleur et la lumière ? C'est lui vraiment qui est le père de la civilisation. Que l'on songe à ce que l'homme pouvait être sans feu ! Il lui était à peine possible de dépasser la vie grossière par laquelle il dut commencer quand il s'éveilla dans la forêt primitive à l'état d'innocence et d'animalité : pour nourriture, les fruits de la forêt et la chair crue ; pour arme, un bâton arraché de l'arbre à grand'peine, tout au plus une pierre mal aiguisée contre une autre ; pour demeure, les cavernes ou des *gourbis* de feuillage ; pour vêtement, du feuillage encore ou les toisons des animaux déchirées avec ses ongles, telles pouvaient être ses seules ressources. Pas d'agriculture sans métal pour creuser la terre, et pas de métal sans feu. Pas de lumière pendant l'obscurité des nuits. Impossible de s'avancer vers les régions tempérées où l'hiver condamnait l'homme à mourir de froid et de faim, ou du moins le plongeait dans un hébétement inerte, à plus forte raison défense absolue de se répandre dans les contrées du nord. Pas de foyer domestique non plus, par conséquent aucun de ces liens sacrés qui réunissent le père, la mère et les enfants autour de la source commune de lumière et de chaleur, ce sanctuaire le plus ancien de tous, qui a vu naître la famille, l'état, le culte, la pudeur de la femme, le dévouement de l'homme aux siens, la piété filiale, les affections les plus douces, les joies les plus pures, et qui, après avoir maintenu sa vénérable primauté dans les cultes antiques, est encore aujourd'hui, plus que jamais peut-être, le fondement et le protecteur de la civilisation la plus avancée.

Vous pouvez juger de l'état d'un peuple par son attachement pour le foyer domestique. Qui se représentera jamais le bonheur, le ravissement, l'extase radieuse de celui de nos pères inconnus qui, le premier, montra en triomphe à la tribu stupéfaite le tison fumant d'où il avait réussi à faire jaillir la flamme !

Le souvenir du changement radical que cette invention merveilleuse apporta dans la vie humaine s'est conservé dans la plupart des traditions religieuses, dans celles des peuples surtout qui eurent à lutter contre l'hiver. Il est remarquable que la tradition biblique soit muette sur ce point. Pour elle, c'est le passage de l'état d'innocence ignorante à celui de la conscience morale qui marque la transition de la vie quasi-animale à la vie vraiment humaine. Au fond, il n'y a pas là de contradiction ; il est certain que le progrès dans la vie physique a eu pour condition préalable dans l'humanité l'éveil de la réflexion, le retour sur soi-même, et par conséquent la conscience. Il est naturel, d'autre part, que la race qui devait être par excellence celle de la civilisation ait réservé dans ses réminiscences des temps primitifs une place de premier rang au pas de géant qu'elle fit dans sa destinée providentielle dès qu'elle fut en possession de l'art de faire du feu.

La nature, en apparence si dure envers l'homme, fut en ceci comme en tout son institutrice. Les phénomènes de lumière et de chaleur durent tout particulièrement exciter l'attention des premiers hommes, de même que sous nos yeux ils éveillent de si bonne heure celle des enfants. Les mythes variés relatifs à l'invention du feu, que les mythologies antiques mêlent souvent au point de les confondre, laissent entrevoir qu'une période assez longue s'écoula pendant laquelle l'homme avait bien distingué les phénomènes combinés de chaleur et de lumière, s'en était fait une idée mythique et religieuse, mais n'avait pas encore songé à en créer lui-même à sa guise. C'est une distinction très fine que M. Baudry a fait ressortir. Selon une très vieille conception du monde, vrai mythe de sauvage qui n'est pas encore sorti de sa forêt, l'univers est un arbre immense dont les nuées sont le branchage, dont les astres sont les fruits. Les phénomènes les plus marquants du monde physique sont ramenés à des analogies tirées de cette grossière intuition. Ainsi l'éclair est un fruit ou l'un des rameaux de cet arbre immense ; en même temps, comme il descend du ciel sur la terre, l'éclair est aussi un oiseau porte-feu quittant son nid céleste et apportant à son bec une branche enflammée. De cette conception primitive découle une multitude de mythes locaux expliquant pourquoi le feu, originaire du ciel, est devenu habitant de la terre. Le mythe de Phoronée dans le Péloponèse, le culte de Soranus, de Picus, de Feronia chez les Latins, beaucoup de croyances indo-européennes relatives à des oiseaux considérés comme porte-feu, tels que le pic-vert, l'épervier, le faucon, le roitelet, etc., s'y rattachent comme à leur centre commun, et l'on en peut voir encore une dérivation dans le mythe grec de Vulcain, le feu cosmique tombant du ciel et travaillant désormais dans les entrailles de la terre.

Ce fut vraisemblablement cette idée, que le feu tombé du ciel devait être resté caché quelque part et qu'il serait possible de le tirer de sa cachette, qui, jointe à l'observation de phénomènes conduisant à une conclusion analogue, dut suggérer à l'homme le désir de produire le feu à volonté. Cherchons bien à ressentir l'impression que devait faire sur l'homme primitif la vue d'un objet lumineux qui disparaissait après avoir jeté son éclat. Notre sentiment moderne de la nature, dominé par les notions scientifiques au sein desquelles nous grandissons, et qui ont pris racine dans notre intelligence lorsque l'âge de la réflexion arrive, serait pour cela le plus mauvais des guides. Aux yeux de l'homme primitif, l'éclair disparu, le feu éteint, la chaleur refroidie, devaient être rentrés quelque part. Outre le soleil et la foudre, il avait pu observer les éruptions volcaniques, les laves incandescentes, l'impression de chaleur produite par le frottement rapide de deux corps, l'étincelle jaillissant des pierres fortement lancées les unes contre les autres, pendant l'hiver la température relativement élevée des antres profonds, pendant l'été la fraîcheur également relative des grottes souterraines, comme si la chaleur avait quitté les entrailles du sol pour se répandre à sa surface, sa propre chaleur animale à lui-même, d'autant plus intense à mesure qu'elle pénétrait dans l'intérieur du corps, enfin et surtout les incendies spontanés dans les forêts du premier âge, incendies qui devaient être beaucoup plus fréquents qu'aujourd'hui. La lave refroidie à l'extérieur était encore brûlante à l'intérieur. Les charbons déjà noircis provenant des arbres consumés se rallumaient quand un vent violent écartait leur enveloppe de cendres ou quand on les frottait légèrement l'un contre l'autre. Toutes ces expériences, rapprochées de la croyance relative à la disparition du feu céleste dans la terre, devaient amener l'homme à supposer que le feu était à l'intérieur des choses, et surtout des choses qu'il voyait s'enflammer comme d'elles-mêmes, par exemple du bois. Telle est, semble-t-il, la marche que suivit l'esprit, réfléchi dans sa naïveté même, de la première humanité. Je ne saurais accorder à M. Kuhn que l'homme apprit à faire du feu en observant que les branches d'un parasite, frottées par le vent contre l'arbre-souche, finissaient par produire la combustion. Une telle observation n'eût été possible que dans des cas bien rares, bien isolés, et surtout elle me paraît bien délicate pour l'homme encore si peu développé. C'est plutôt d'un ensemble d'expériences, d'une induction fondée sur un grand nombre d'analogies apparentes, surtout de celles qu'il pouvait observer pendant et après les incendies spontanés des forêts, qu'il en vint à l'idée que le feu était dans le bois, qu'il inventa le procédé pénible, mais simple, encore en usage chez tant de peuplades sauvages, et qui consiste à faire du feu en frottant longtemps deux morceaux de bois l'un contre l'autre. Entre un tison à moitié éteint et un morceau de bois sec, il n'y avait pour lui qu'une différence de degré. Le feu était plus profondément caché dans l'un que dans l'autre, plus difficile par conséquent à faire sortir ; mais il y était.

Nous ne spéculons pas sur le pur inconnu. Cette idée, que le feu, d'origine céleste, se cache et doit être tiré de sa cachette, est contenue dans un des plus anciens mythes védiques sur l'origine du feu terrestre. Agni, le dieu du feu (en latin *ignis*), s'est blotti dans une caverne, et Mâtarichvan, être mythique obscur, dont le nom signifie étymologiquement « celui qui se gonfle, qui se dégage dans le sein de la mère, » l'en a tiré et l'a communiqué à Manou, le premier homme, ou à Bhrigu, *le luisant*, père de la famille sacerdotale du même nom.

Mâtarichvan est donc un analogue indien, mais très lointain encore du Prométhée grec. Il exprime simplement l'effort nécessaire pour que le feu sorte de la matière qui le tient renfermé. Un trait de plus pourtant, qui rapproche déjà le mythe védique du mythe grec, c'est que Bhrigu ou les Bhrigus, devenus fiers et irrespectueux envers les dieux, par suite du pouvoir qu'ils doivent à la possession du feu, ressentent les effets de la colère de Varouna, irrité de leur insolence. En Grèce, la fable parlait d'un mortel appelé Phlégyas, et de son peuple, les Phlégyens, dont le nom a la même racine et le même sens que Bhrigu. Les Phlégyens habitaient la Phocide, aux mêmes lieux où l'on disait que Prométhée avait formé ou civilisé les hommes. Devenus impies et profanateurs des sanctuaires, ils furent précipités dans le Tartare. Les germes du grand mythe commencent à se montrer.

Ce fut, dès l'origine, le propre de la race aryenne de ne jamais se contenter du progrès accompli, d'aspirer à de nouvelles conquêtes, et en particulier de simplifier ou de faciliter par des moyens mécaniques les opérations de la vie quotidienne. L'art de produire le feu par le frottement de deux morceaux de bois mus simplement par la main de l'opérateur était difficile, pénible, d'un succès toujours douteux. Il semble que les cruelles punitions qui menaçaient les vestales oublieuses proviennent du temps où l'extinction du feu était une vraie calamité. Notre race se devait à elle-même de n'être pas toujours soumise à de pareilles terreurs.

Dès la plus haute antiquité, nous la voyons en possession d'un ingénieux instrument fondé sur la propriété qu'a le bois de s'enflammer par le frottement, mais destiné à hâter beaucoup la production du feu. Un disque de bois creusé au milieu, un bâton qui tourne perpendiculairement, à la manière d'un foret ou d'une tarière, dans le trou pratiqué au centre du disque, voilà cet instrument. On imprime au bâton un rapide mouvement de rotation, alternativement à droite et à gauche, au moyen d'une lanière enroulée autour de la partie supérieure, et dont l'opérateur tient les deux extrémités. Encore aujourd'hui dans l'Inde on applique ce procédé, qui était également très connu des anciens Européens. Les Grecs nommaient l'instrument *pyréia*, et le bâton forant *trupanon*. Le feu des vestales, quand il s'éteignait, devait être rallumé chez les Romains par le même moyen. Chez les Germains, à défaut de renseignements écrits, de singulières coutumes encore en vigueur nous attestent que ce procédé fût aussi en usage, et que, dans la pensée de ceux qui l'employaient à une époque où il n'était plus indispensable, il passait pour le moyen originel et divin auquel l'homme devait la possession de l'élément céleste et purificateur. Ainsi, pour allumer les feux dits *de nécessité (nothfeuer)*, dans l'espoir de conjurer les épizooties ; on se servait, et on se sert encore quelquefois, dans des districts écartés, d'une roue dans le moyeu de laquelle on fait tourner rapidement un essieu.

Une vieille chronique saxonne du XIIIe siècle raconte, avec une pieuse indignation, qu'en un temps d'épizootie, des paysans s'étaient servis d'un « simulacre de Priape » pour tirer du bois, par le frottement, le feu magique auquel on attribuait la vertu de guérir les bestiaux de la péripneumonie. En 1828, l'auteur d'une mythologie allemande, M. Colshorn, était témoin d'une cérémonie toute semblable dans un village du Hanovre. Bien d'autres faits analogues ont été recueillis par M. Kuhn, et ne laissent aucun doute sur l'usage extrêmement reculé, antérieur à la dispersion des peuples Aryens, de cette manière de produire le feu.

Comment tout cela nous rapproche-t-il insensiblement de Prométhée ? On va le comprendre. Cet acte de forer le bois par le bois, provoquant par le frottement l'apparition de la flamme, s'exprime en langage védique par le mot *mathnâmi* ou *manthâmi*, qui signifie proprement *secouer, ébranler, produire dehors au moyen de la friction*. La même racine se retrouve en allemand et en anglais modernes dans les mots *mangeln* et *mingle*, désignant l'opération, bien connue des ménagères, qui consiste à calandrer le linge au moyen d'un rouleau, soumis à une forte pression, qui passe en tournant sur une table lisse. Dans certaines parties du nord de l'Allemagne, les paysans disent, quand il tonne, que « le bon Dieu calandre, *use herr Gott mongelt*, » ce qui est en rapport étroit, comme on va le voir, avec tout cet ordre d'idées. Le bâton générateur du feu s'appelait en sanscrit *matha*, puis *pramantha*, l'annexion de *pra* y ajoutant l'idée d'attirer avec force, d'arracher, de *ravir, Pramantha*, que rien ne nous empêche d'écrire déjà avec une majuscule, est donc celui qui découvre le feu, le fait sortir de l'endroit où il se tenait caché ; le *ravit* et le communique aux hommes. Achevons la personnification. Nous aurons alors en sanscrit un être personnel du nom de *Pramâthyus, celui qui creuse en frottant et celui qui dérobe le feu*. Dès lors il n'est pas besoin d'être versé à fond dans la science délicate à laquelle nous empruntons ces lumières, pour affirmer, sans trop d'audace, que le *Pramâthyus* sanscrit n'est autre que le *Promêtheus*, le Prométhée grec.

De même que les Aryas encore plongés dans la première ignorance, avec cette promptitude à définir l'être universel qui a fait d'eux la race spéculative et philosophique par excellence, toujours portés à faire du monde entier l'extension pure et simple du monde qu'ils connaissaient, n'avaient pas hésité à voir dans l'univers un arbre immense, — de même ils poussèrent fort loin les explications des phénomènes de la nature en les assimilant à la production du feu par le *pramantha*. Ainsi le tonnerre provient du pramantha d'Indra, qui creuse le nuage. L'éclair à son tour est aussi un pramantha céleste. Sans entrer dans des détails que M. Kuhn avait le droit d'exposer tout au long en vertu du privilège de la science qui purifie tout ce qu'elle touche, il nous suffira d'indiquer de loin à nos lecteurs le rapport assez naturel qui devait s'établir entre cette manière de produire le feu et la reproduction de la vie humaine, N'est-elle pas, elle aussi, un feu intérieur ? L'être producteur du feu est donc bien près de devenir le créateur ou le formateur, dans tous les cas l'ami de la race humaine. C'est cette analogie qui porta les Aryens à composer ordinairement leur instrument à feu d'un bâton provenant d'un arbre, parasite ou poussé dans le creux d'un autre arbre (ce qui, à leurs yeux, revenait au même) et d'un disque provenant de l'arbre antérieur. Il y avait dans cette réunion une sorte de mariage. À cela se joignit aussi l'idée que le parasite provenait d'une graine ignée, insérée par un oiseau porte-feu. Enfin le soleil lui-même n'est pour eux qu'un grand disque, une roue enflammée qui tourne dans le ciel, s'éteint chaque soir, et que chaque matin les Açwins, divinités crépusculaires, rallument avec un pramantha d'or. Si pendant le jour il lui arrive de s'éteindre parfois dans le nuage orageux, Indra sait aussi le rallumer avec son puissant pramantha, le tonnerre. C'est une chose fort étrange que le sentiment de l'humanité primitive en face de la nature. Bien des mythes, bien des détails mythiques du moins, démontrent qu'aux premiers jours où l'homme ouvrit un œil curieux sur le monde et commença à réfléchir sur tout ce qui s'y passait, il n'était pas bien sûr que le soleil disparu le soir reviendrait le lendemain. C'est le soleil considéré comme une roue qui nous a valu plus tard les chars et les chevaux mythologiques. C'est encore la même conception qui se trouve à la base d'une singulière coutume assez répandue autrefois dans les régions germaniques, et qui s'est conservée jusqu'à nos jours sur les bords de la Moselle et en Souabe.

En 1779, Trêves était encore le théâtre d'une cérémonie du même genre. On faisait rouler du haut d'une montagne jusque dans le fleuve une grande roue recouverte de paille et traversée par une forte barre de bois. On mettait le feu au moment de la lancer, et le disque enflammé se précipitait dans la direction de la rivière aux cris bruyants de la foule attirée par ce spectacle. Si le disque arrivait sans s'éteindre jusque dans l'eau, l'allégresse était générale, car on se promettait une année d'abondance pour les vignobles d'alentour : pittoresque superstition qui se rattache, dans les profondeurs de l'antiquité, à la tige commune d'où la poétique mythologie de la Grèce a tiré l'histoire de son Phaéton.

Nous n'avons plus qu'une circonstance à relever pour achever l'énumération des conceptions mythiques servant de base à la légende grecque sur l'invention du feu. Ce mot sanscrit *manthâmi*, qui signifie l'acte de tirer le feu du bois au moyen du *pramantha*, se retrouve, nous l'ayons vu, dans la famille germanique avec sa signification matérielle quelque peu modifiée. Il se retrouve aussi dans la famille hellénique ; mais là il a perdu son sens matériel pour revêtir un sens spirituel. Le *manthanô* grec veut dire *apprendre*. Apprendre en effet, n'est-ce pas s'approprier, faire sienne une chose qui vous était étrangère auparavant ? Le mot français lui-même provient d'une manière identique de se représenter l'acte d'acquérir une connaissance nouvelle. Il en résulta que le nom de Prométhée, emporté par les Grecs de la patrie primitive, se spiritualisa sous l'influence du progrès analogue accompli par le mot sanscrit. Le nom de Prométhée a perdu dans la Grèce son sens originel, et signifie désormais *celui qui sait d'avance*, le prescient, le prévoyant. Par opposition, son frère Epiméthée, celui qui réfléchit sur le passé, qui ne sait qu'après et ordinairement trop tard, ne devait pas tarder à apparaître.

Nous sommés arrivés au confluent de tous ces courants divers. Il est établi que l'être producteur du feu est l'ami et le bienfaiteur des hommes, si même il n'en est pas le créateur ; la manière dont il fait sortir le feu ressemble à un larcin ; en le communiquant aux hommes, il les a civilisés, il les a rendus plus puissants, mais aussi moins soumis aux dieux. L'instrument générateur de la flamme porte un nom qui, se spiritualisant en même temps que le verbe dont il dérive, devient synonyme du savoir, de la pénétration, de la prévision. Il nous faut voir maintenant ce que le génie grec, travaillant avec sa merveilleuse habileté sur ces données originelles, a fait du *pramantha* védique.

II

La légende grecque de Prométhée (et la plupart des mythes populaires de l'ancienne Grèce en sont là) se prête beaucoup moins qu'on ne le croirait à être condensée en un tout homogène. Nous sommes souvent trompés en pareille matière par la forme arrêtée que les beaux-arts ou la poésie classique ont donnée aux traditions religieuses de l'ancien monde. Une seule des nombreuses variantes qui se partageaient les esprits dans la haute antiquité est ainsi devenue canonique pour la postérité. Nous ferons donc une distinction entre les mythes dont Prométhée est le centre avant et après Eschyle et l'élaboration définitive que ces mythes ont subie en passant par le moule de ce grand génie.

C'est Eschyle en effet qui a pour jamais, et sous sa forme immortelle, gravé l'histoire de Prométhée dans la conscience du genre humain.

Antérieurement à lui, Hésiode nous offre la première condensation des légendes qui circulaient sur Prométhée. Il en fait un titan, c'est-à-dire l'un de ces rejetons du Ciel et de la Terre, l'un de ces révolutionnaires primitifs dans lesquels l'érudition moderne a reconnu d'anciens dieux locaux de même signification que les dieux classiques, mais généralement moins dégrossis, plus enfoncés dans la nature matérielle, et dont le culte fut ou absorbé ou rejeté dans l'ombre par suite de la suprématie dévolue insensiblement aux beaux dieux olympiens. Leurs noms servirent à représenter plus tard les forces brutales et indisciplinées de la nature. C'est un trait commun des mythologies aryennes que l'idée d'une lutte engagée entre les dieux régulateurs de L'ordre naturel et les éléments perturbateurs qui semblent s'insurger contre leur pouvoir, soit dans l'orage, soit dans les éruptions volcaniques, soit dans les tremblements de terre. De là une tendance naturelle à ranger parmi les titans les êtres mythiques, égaux en développement spirituel aux dieux classiques, mais censés en rivalité ou en conflit avec eux. Japet, fils du Ciel et de la Terre, Japet, le représentant de la grande famille qui peupla l'Asie-Mineure et la Grèce, a eu de Clymène, fille d'Océan, quatre fils, Atlas, Ménœtius, Prométhée et Epiméthée. Cette lignée est peu amie et peu favorisée de Jupiter. Atlas vaincu doit supporter le monde ; Ménœtius révolté a été précipité au fond du Tartare ; Prométhée, bien que de race divine, n'en fait pas moins partie du genre humain, qui du reste est issu, comme lui, de la Terre. C'est lui qui le premier ose essayer de tromperies dieux et veut rendre leur joug moins lourd aux hommes. Dans la très ancienne ville de Sicyone, il y avait contestation entre les dieux et les hommes au sujet des parties des animaux sacrifiés qu'il fallait offrir aux immortels ou réserver aux mortels. Prométhée, en remettant le différend à l'arbitrage de Jupiter, a l'audace de lui tendre un piège. Il tue un bœuf, enveloppe la chair et presque toute la graisse dans la peau et l'estomac de l'animal, puis à côté entasse les os en les recouvrant d'une mince couche de graisse. Alors il invite le roi des dieux à choisir lui-même. Jupiter s'aperçoit de la ruse, mais il fait semblant de s'y laisser prendre, et saisit cette occasion, qu'il cherchait depuis quelque temps, pour retirer le feu aux hommes. Nous voyons ici se dessiner en traits fort accusés cette tendance irrespectueuse à l'égard des dieux que la légende védique rattachait déjà à l'invention du feu, et que l'esprit grec attribua d'une manière encore plus prononcée à l'homme avisé, fier de son intelligence, et désormais comptant pour peu de chose, la protection divine. Du reste, ce singulier conte reposait sur une réalité. Le fait est que, dans les anciens sacrifices, les sacrifiants se réservaient ordinairement la meilleure part des animaux immolés ; mais ce que la naïveté du premier âge avait institué comme une chose toute naturelle et allant de soi-même ne parut explicable plus tard que par l'effet d'une ruse intéressée. C'est ainsi que, dans d'autres fables, les immolations de victimes humaines, qui paraissent avoir été en vigueur dans les temps très reculés de la Grèce, deviennent d'abominables festins auxquels les dieux ne prennent part jamais que par surprise.

Voilà donc les hommes privés du feu et ramenés à leur détresse primitive ; mais Jupiter avait compté sans Prométhée. Le hardi fils de Japet dérobe dans l'Olympe même le feu céleste, et le rapporte sur la terre dans une tige de férule. La férule est un arbre, de la famille des ombellifères, dont la moelle desséchée, très inflammable, conserve aisément le feu, et sert encore aujourd'hui d'amadou aux populations de l'Archipel. Jupiter est plus furieux que jamais. Le génie inventif de l'homme, dont Prométhée est la personnification frappante, a déjoué ses projets. Remarquons ici ce trait tout à fait caractéristique des dieux olympiens. Leur puissance est à la fois très grande et très bornée Ils peuvent se venger, punir cruellement ceux qui osent rivaliser avec eux ou contrarier leurs vues ; mais ils ne peuvent revenir sur les faits accomplis. Jupiter ne saurait reprendre aux hommes le don que leur a fait Prométhée. Ceci est très significatif, et doit servir à nous orienter dans l'interprétation du mythe. Jupiter, personnification du ciel, est devenu le dieu suprême en tant qu'ordonnateur et régulateur du monde physique. Il représente donc l'ordre naturel dans sa loi la plus haute. Ce n'est pas impunément que l'homme s'élève par la force de son intelligence au-dessus de la nature physique. Ses progrès et ses conquêtes lui vaudront peut-être plus de douleurs morales qu'ils ne lui épargneront de misère matérielle ; mais l'ordre de la nature est impuissant à les lui ôter.

Jupiter ne peut que se venger ; mais il se vengera. D'abord il punit cruellement l'audacieux Prométhée en le faisant liera une colonne et en envoyant son aigle se repaître continuellement de son foie. Le foie était chez les anciens regardé comme le siège des instincts moraux, des passions, de la mélancolie. Ici le mythe, qui n'était encore qu'ingénieux et naïf, devient d'une sombre profondeur. Sans doute le génie humain, dans sa séparation d'avec Dieu toujours travaillé par la soif de l'infini, toujours en proie à d'impuissants désirs, s'agitera longtemps autour du bloc de pierre où une main inexorable semble l'avoir rivé, maudissant la destinée, torturé par ce messager divin, l'idéal, qui aurait dû être son espérance et sa joie, et qui devient son bourreau. Assurément nous ne prétendons pas que telle soit l'idée que l'homme des temps mythologiques a voulu sciemment envelopper dans le tragique symbole de Prométhée enchaîné sur son rocher ; mais n'avons-nous pas le droit de dire que c'est là au fond le sentiment qui l'a inspiré, surtout quand nous voyons ce sentiment des souffrances prolongées par lesquelles l'homme expie son indépendance de l'ordre physique et ses audacieuses conquêtes se reproduire dans toute la suite de cette histoire ?

À leur tour, les hommes, qui ont profité du larcin de Prométhée, apprendront à leurs dépens qu'on ne se moque pas de Jupiter. Celui-ci ordonne à Vulcain, autre dieu du feu, mais de la famille olympienne et aveuglément obéissant à ses ordres, de pétrir avec de la boue une statue de vierge d'une beauté de déesse. Chacune des divinités célestes la dote d'un charme spécial. Minerve-Athéné lui enseigne les beaux-arts ; Vénus anime ses traits de sa propre expression, qui fait que les cœurs sont blessés à mort de son doux regard ; Mercure lui apprend le secret des paroles emmiellées, de l'indifférence égoïste, des ruses félines, et quand les Grâces ont encore ajusté son voile, sa couronne et ses colliers d'or, quand les Saisons ont paré sa tête des fleurs du printemps, Jupiter fait conduire la ravissante créature, la belle Pandore, vers Épiméthée, le frère du titan torturé. Par rapport à celui-ci, Épiméthée représente une sorte de contre-partie de l'esprit humain. Il n'est pas dépourvu d'intelligence, mais il ne sait jamais en faire usage à propos. Son esprit paresseux et lourd ne s'éveille à la conscience du mal que quand il est trop tard. C'est en vain que le prévoyant Prométhée l'avait averti d'avance de repousser les dons de Jupiter. Épiméthée était un réaliste qui dédaignait d'habitude les prévisions chagrines des idéologues ; il tomba aux pieds de Pandore, trop heureux de voir son amour agréé. La suite funeste ne se fit pas attendre. La belle coquette avait reçu une amphore mystérieuse et fermée qu'elle ouvrit dans un mouvement de curiosité féminine. Aussitôt une foule de maux auparavant inconnus sur la terre se répandit sur l'humanité, les soucis, les crimes, les maladies mortelles. Pandore épouvantée voulut refermer précipitamment l'amphore ; mais elle était déjà presque vide, et l'espérance seule était demeurée prise entre le rebord et le couvercle.

Dans cette fable ingénieuse, nous trouvons un exemple de ce travail de raccordement que les poètes comme Hésiode ont opéré en combinant les narrations isolées des mythologies locales de manière à en faire des histoires suivies. Pandore a dû être à l'origine une personnification de la terre fertile. Si les dieux comme les livres n'avaient pas leurs destinées, elle aurait pu devenir une Cérès, une Dioné, peut-être même une Vénus. Au temps d'Hésiode, elle n'était plus qu'une déesse locale, bonne seulement à figurer dans quelque roman religieux comme celui qui l'a rendue si célèbre. Le sens de son histoire n'est pas douteux. L'homme, grâce à Prométhée, a beaucoup grandi en savoir et en pouvoir. Il s'est, dirions-nous en langage moderne, civilisé à vue d'œil ; mais les passions haineuses, la cupidité, l'impiété inspirée par la confiance orgueilleuse en ses propres forces, les excès commis par l'homme qui ne sait pas encore user rationnellement de sa domination sur la nature, le cortège de maux inséparables d'une civilisation qui se raffine, font qu'il regrettera plus d'une fois l'état antérieur d'ignorance et d'innocence, qui, par comparaison, lui semblera un paradis ; par comparaison, disons-nous, car en réalité ce point de vue est faux. L'homme, avant que la conscience morale fût éveillée en lui, devait être un fort méchant animal. Que l'on pense à la cruauté inconsciente des enfants ! Avant que l'observation et la réflexion lui eussent permis d'améliorer son état matériel, il souffrait en réalité de maux bien pires encore qu'après ses ingénieuses découvertes ; mais, s'il faisait le mal, c'était sans le savoir. S'il souffrait, c'était comme l'animal souffre, sans prévision de la souffrance à venir, sans comparaison réfléchie avec le bien-être antérieur, sans conscience claire de son état. Le mal passé était oublié, en sorte que, quand l'âge de la mémoire fut venu, il sembla à l'homme qu'il n'avait jamais souffert avant de se souvenir. Ceci est une illusion vieille comme le monde, et qui se renouvelle toujours. Vertus et agréments des vieux âges, qu'on nous vante si fort, que devenez-vous, lorsque des études persévérantes révèlent l'état réel, sans embellissements poétiques, des générations disparues ?

Toutefois il ne faut pas nier que le progrès de l'homme dans le domaine de la vie physique, s'il n'est pas accompagné d'un progrès moral correspondant, lui est plus nuisible qu'utile, en ce sens qu'il fournit simplement de nouveaux excitants à ses passions, de nouveaux aliments à sa sensualité. La civilisation, c'est alors Pandore la bien nommée, brillante, souriante, tournant les têtes, enivrant les cœurs ; mais que de maux cuisants elle traîne après elle, cette ravissante statue pétrie dans la boue !

Pendant ce temps-là, Prométhée souffre. Son supplice doit durer longtemps. Les Argonautes, en traversant le Pont-Euxin à la recherche de la toison d'or, ont aperçu l'aigle qui se dirigeait vers les montagnes de la côte. Peu après, ils entendirent l'infortuné, à qui la douleur arrachait des cris retentissant au loin dans les solitudes. Cependant la mythologie grecque ne veut pas que Prométhée soit à tout jamais dévoré vif sur son rocher. Le jour viendra où un fils favori de Jupiter tuera l'oiseau vorace et détachera le titan enchaîné. Jupiter le permettra par amour pour Hercule et parce que le nom de son fils de prédilection n'en sera que plus glorieux sur la terre. Telle est la pensée presque chrétienne, unique en tout cas dans ces régions fabuleuses, et qui ressemble à une cime déjà colorée d'un soleil encore sous l'horizon, par laquelle se termine l'histoire de Prométhée selon le chantre d'Ascra.

D'autres traditions mythiques voulaient que Prométhée lui-même eût épousé Pandore. Ailleurs on le disait époux de l'océanide Hésione. D'après Hérodote au contraire, on lui donnait pour épouser Asia, comme si le souvenir s'était conservé de la partie du monde où l'humanité et la civilisation prirent également naissance. C'est une raison du même genre qui a fait désigner les régions caucasiennes comme le lieu de son supplice. La race hellénique se rappelait vaguement qu'elle avait laissé l'innocence et la sauvagerie derrière les hautes montagnes qui séparent l'Europe de l'Asie. Encore aujourd'hui les légendes tcherkesses parlent aux voyageurs de géants attachés et tourmentés sur les pics du Caucase. D'autres récits mythiques faisaient d'Asia la mère de l'inventeur du feu. Hésiode lui-même rattache à Prométhée la famille hellénique tout entière par Prynéia ou Pyrrha, ses épouses. Il s'en faut que, malgré le travail évident de coordination que décèlent les poèmes hésiodiques, toutes les assertions qu'ils contiennent sur les dieux et les généalogies divines soient concordantes.

Dans d'autres traditions enfin, Prométhée joue un rôle assez difficile à concilier avec sa légende la plus répandue. Ainsi ce serait lui qui, lors de la naissance de Minerve, aurait fendu le front de Jupiter.

Ordinairement c'est à Vulcain que la fable attribue cet office. Cette variante s'explique toutefois par l'identité originelle des deux personnages mythiques, qui sont l'un et l'autre des déterminations grecques de l'Agni védique. En même temps elle nous reporte vers la vieille idée aryenne du pramantha céleste, faisant revenir la lumière éteinte. Minerve-Athéné en effet personnifie le ciel éthéré, reparaissant pur et brillant après l'orage qui l'avait obscurci. Le pramantha, producteur du tonnerre, se changea en marteau entre les mains du forgeron Vulcain, et ne fit que se personnifier sous le nom de Prométhée.

Si de plus on se rappelle les rapports, saisis de très longue date, entre l'office du pramantha et la génération humaine, on comprendra non-seulement pourquoi, dans toutes ses légendes, Prométhée est considéré comme l'ami des hommes et leur bienfaiteur, mais encore par quelle analogie plusieurs mythes font de lui le créateur ou du moins le formateur de l'espèce humaine. C'est lui qui l'aurait animée du feu céleste après l'avoir pétrie du limon terrestre. D'autres fois néanmoins c'est Jupiter ou Minerve qui communique à l'homme l'étincelle de vie : intéressant parallèle de l'origine assignée à l'homme par la Genèse.

Toutes ces idées furent révélées naturellement aux premiers observateurs par la surabondance de vie végétale et animale que déploie la nature aux lieux chauds et humides, jointe au sentiment qui n'a jamais abandonné l'homme, qu'il est en quelque sorte la dernière éjaculation, le dernier fils de la terre. C'est

Prométhée encore qui, dans une autre légende, conserve la race humaine que Jupiter voulait faire périr par le déluge, car c'est lui qui conseille à Deucalion de construire l'arche. C'est avec la racine d'un rouge de sang, tirée de la terre humectée par la liqueur sortant de son foie lacéré, que Médée la magicienne compose le breuvage qui rend invulnérable et guérit toutes les maladies. Nous reconnaissons que l'idée de Prométhée créateur de l'homme n'est positivement et clairement définie que dans des auteurs relativement modernes ; mais elle doit remonter beaucoup plus haut. Sapho déjà semble y avoir fait allusion.

À Panopées, en Phocide, on montrait des blocs de pierre grise singulièrement contournés en disant que c'était là le limon dont Prométhée avait façonné les premiers hommes. Toutefois cette croyance ne devint générale et populaire que dans les derniers siècles du paganisme ; elle se prêtait en effet aux allégories philosophiques si recherchées à cette époque, et offrait ce caractère de mélancolie particulier aux religions qui s'en vont et qui voient tout en noir. On finit par substituer la Prométhéia à Prométhée lui-même, ce qui faisait des hommes les enfants du souci.

III

Tels sont les matériaux divers que la tradition grecque mit à la disposition du grand génie à qui surtout nous devons l'intelligence du mythe de Prométhée et de l'idée profonde qui en fait la tragique beauté. Eschyle en a tiré un de ces chefs-d'œuvre qui entrent dès leur apparition dans le trésor de l'humanité et n'en sortent plus. Il s'est bien gardé d'amalgamer tous les éléments de la légende. Avec la sobriété des grands maîtres, il a sacrifié les accessoires et s'est attaché avant tout à faire ressortir, vigoureusement dessinée sur le fond légendaire, la majestueuse figure du titan victime de son génie et de son amour. Le grand fleuve mythique dont nous avons retrouvé la source, se partageant en bras divergents, se serait perdu finalement dans les sables, si la puissante pensée du tragique d'Athènes ne l'avait, pour ainsi dire canalisé : en le resserrant dans de fortes digues entre lesquelles il coule plus fort, plus profond que jamais.

Ainsi il laisse de côté l'histoire semi-burlesque du piège tendu à Jupiter dans la contestation de Sicyone, et il évite la faute dans laquelle tombait Hésiode, quand il supposait qu'antérieurement à cette scène les hommes étaient déjà en possession du feu. Cette conception ôtait à Prométhée son caractère de génie inventeur et ne laissait subsister que celui du personnage sceptique et rusé. Il fait de Prométhée un fils de la Terre divinatrice, Thémis, exprimant par là que l'intelligence humaine a grandi en observant, en écoutant la nature. Rien n'indique que ce soit lui qui ait créé ou formé les hommes ; mais il a pour eux une sympathie profonde, fondée sur ce qu'après tout eux aussi sont fils de la Terre, et qu'ils sont pourtant, ignorants et misérables. Ce sont de pauvres frères qu'il aime. Parmi ces épouses mythiques, le poète choisit la fille d'Océan, Hésione ; nous verrons bientôt pourquoi. Le roman, de Pandore et d'Épiméthée est également éliminé. Il ne reste que Prométhée l'inventeur, le génie rêvant au progrès et au bien de l'humanité, et cette idée, dont il est la personnification, ainsi dégagée d'un confus entourage, devient le centre de la fable tragique. En revanche Eschyle fait intervenir des personnages qu'ignorait la légende, et qui, personnifiant à leur tour d'autres tendances de la nature humaine, achèvent de mettre en évidence le rôle du héros principal. Cette incarnation d'idées abstraites, dans des personnages pleins de réalité n'est pas l'allégorisme intentionnel d'un poète philosophe comme Euripide. C'est en suivant, simplement les inspirations de son robuste génie, ne distinguant jamais l'idée de la forme qu'elle revêt, que le vieux poète s'est trouvé philosophe, sans le vouloir, sans s'en douter.

Le personnage de Prométhée doit avoir tenu une grande place dans les préoccupations du poète athénien, car outre une pièce, probablement du genre satirique, *Prométhée l'Allumeur*, où l'on riait aux dépens, des satyres maladroits, qui se brûlaient les doigts au feu récemment découvert, il a composé trois grandes tragédies sur les trois moments principaux de la vie du titan, *Prométhée Porte-Feu, Prométhée enchaîné* et *Prométhée délivré*. Dans *Prométhée Porte-Feu* : le fils de Thémis, devinant l'avenir, conseillait aux titans de ne pas s'insurger contre Jupiter. Voyant ses conseils méconnus, il se rangeait du côté du vainqueur désigné par la destinée et l'aidait à triompher de ses rudes ennemis ; mais lorsque Jupiter voulut étendre aux hommes la haine qu'il portait aux titans et les faire périr de misère et de besoin, Prométhée eut compassion d'eux, déroba le feu aux demeures éthérées et l'apporta aux hommes dans une tige de férule. Ici la vieille tradition demeure intacte ; mais au rebours du récit d'Hésiode, c'est Prométhée lui-même qui sculpte et anime Pandore. Si, comme nous l'avons dit, Pandore est la civilisation née de l'usage du feu, cette variante vaut mieux que la première.

La seconde tragédie, *Prométhée enchainé*, est la fleur épanouie de la plante dont nous avons retrouvé la racine. La scène commence par un dialogue entre Force et Violence d'un côté, Vulcain de l'autre, qui amènent le titan au lieu de son supplice. Vulcain est le type de l'obéissance passive. Parent au fond de Prométhée, bon et honnête caractère tant qu'il n'a qu'à suivre ses propres inspirations, il devient par soumission envers l'autorité l'instrument d'une vengeance qu'il trouve lui-même exécrable. Il faut en effet qu'il enchaîne Prométhée sur un âpre rocher de Scythie et le rive à la pierre avec des chaînes que rien ne puisse rompre. C'est presque en demandant pardon à Prométhée qu'il se met à l'œuvre. Aussi pourquoi Prométhée a-t-il été se brouiller avec Jupiter pour l'amour des hommes ? Comment n'a-t-il pas prévu que Jupiter, nouveau-venu sur le trône du monde, est soupçonneux et violent ? Un moment le forgeron ne peut s'empêcher d'admirer comme son ouvrage est bien fait ; mais son bon naturel reprenant le dessus, lorsque tout est fini, il s'emporte contre Force et Violence, qui ne répondent que par l'ironie.

Alors commence une scène solennelle. Prométhée, qui s'était tu tant que ses bourreaux avaient été là, exhale son gémissement amer. Abandonné des dieux et des hommes, il prend à témoin la nature entière des maux immérités qu'il endure : « Ô divin éther, vents aux ailes rapides, ô sources des fleuves, et toi, rire incommensurable des mers, et toi, terre, universelle génératrice, et toi, disque du soleil qui vois toute chose, venez contempler les douleurs que les dieux infligent à un dieu ! » Cette sympathie de la nature pour le génie persécuté est une des belles conceptions du drame. Prométhée n'a pas eu tort de lui adresser sa plainte. Un bruit d'ailes frappant les airs se fait entendre. Ce sont les Océanides, les filles d'Océan, ses belles-sœurs et ses cousines, qui ont entendu dans leurs antres humides le bruit du marteau de Vulcain, et qui « pleurent des nuées de larmes » en voyant leur frère dans cet affreux état. Ce sont elles qui formeront le chœur. Frêles et douces créatures, pleines de tendre sympathie pour celui qui souffre, murmurant volontiers avec lui contre les décrets terribles de Jupiter, mais craintives, timides, elles représentent cette foule d'âmes sensibles que la vue d'un malheur immérité fait fondre en larmes, mais qui inclineraient plutôt à conseiller au génie l'abdication, à lui inspirer le regret de s'être dévoué, qu'à le fortifier par des résolutions généreuses.

Devant le chœur des vierges marines, Prométhée raconte ce qu'il a fait pour Jupiter et pour les hommes. À ceux-ci il a donné l'espérance qui console et le feu qui ranime. Ce qui arrive ne le surprend pas, il avait tout prévu ; il ne lui reste plus qu'à supporter fièrement son malheur, et, comme les sympathies des Océanides lui font du bien, il les prie de se rapprocher de lui pour le voir de plus près. Les Océanides s'approchent ; leur sympathie est féminine. Toute prompte et sincère qu'elle soit, beaucoup de curiosité s'y mêle. Au même instant arrive le père Océan. Renfermé dans une sorte de passivité indifférente où la vieillesse finit souvent par voir la sagesse, il n'opposa qu'une majestueuse insouciance aux révolutions dont le ciel et la terre sont le théâtre. Comme son frère Saturne, le vieil Océan se voit préférer des dieux plus jeunes ou plus accessibles, mais il n'en est nullement jaloux et ne cesse pas pour cela d'occuper l'humide élément avec ses nombreuses filles, peu désireux de lutter contre Jupiter ou son frère Neptune, sachant bien d'ailleurs qu'on ne l'inquiétera pas lui-même dans son insondable empire. On dirait qu'il en a tant vu qu'un certain scepticisme à l'endroit des grands changements s'est emparé de son esprit. Se soumettant sans murmure aux pouvoirs de fait, il est satisfait de ce qu'il a, mène une vie honorée et paisible, et conjure son pauvre neveu, qu'il estime et qu'il aime, de se soumettre aussi au plus fort, de s'humilier devant Jupiter. À cette condition, le bon oncle intercédera lui-même auprès du souverain des dieux ; mais ce conseil échoue devant l'indomptable fierté du titan. Il ne veut entendre parler ni d'intercession, ni de soumission. Plutôt tout endurer que de recevoir une grâce de Jupiter ! Océan ne peut contester la noblesse de ces sentiments ; mais, ne pouvant non plus les approuver, voyant que ses insistances sont inutiles, il s'en retourne comme il était venu, presque fâché de s'être dérangé, « lui et son cheval ailé, qu'une course si longue doit avoir fatigué, et qui certainement sera bien aise de se reposer. »

Le chœur des Océanides et Prométhée sont de nouveau seuls. Le chœur chante en vers plaintifs l'immense commisération dont les peuples à l'entour sont émus pour le divin martyr, et ceux qui habitent « la sainte Asie, » et le peuple des Amazones, et la multitude farouche des Scythes nomades. — Prométhée continue à se plaindre de l'ingratitude des dieux régnants, qui lui doivent leur pouvoir. C'est l'esprit, l'esprit dans son sens le plus général, qui permet aux dieux de régner et aux hommes de se civiliser. Prométhée décrit aussi les bienfaits dont ceux-ci lui sont redevables. « Auparavant, dit-il, leur vie n'était qu'un rêve. Ils regardaient sans voir, écoutaient sans entendre, n'avaient qu'un amas confus de sensations semblables à celles qu'on éprouve dans les songes. Ils ne savaient ni construire des maisons de brique, ni travailler le bois. Ils habitaient sous la terre, comme des fourmis, blottis dans des antres obscurs. Ils ne savaient prévoir ni l'hiver, ni le printemps fleuri, ni l'été qui donne les fruits. Ils vivaient sans rien connaître, lorsque je vins à eux et leur appris à observer les astres et leur cours. J'inventai pour eux les nombres et les lettres. Le premier, je soumis au joug les cavales que leurs colliers dirigent, et pour épargner au corps mortel des hommes de pénibles fatigues, j'attelai aux chars les chevaux rongeant leur frein. Nul autre que moi n'a inventé ces véhicules qui voguent sur les mers en déployant leurs ailes. » C'est lui aussi qui a appris aux hommes, livrés auparavant sans défense à toutes les maladies, à composer les boissons salutaires, ainsi qu'à interpréter les songes, les augures, les entrailles des victimes, les voix mystérieuses de la nature. « Et les trésors que la terre dérobait aux hommes, l'airain, le fer, l'argent et l'or, qui, si ce n'est moi, oserait dire qu'il les a découverts ? » Nulle part on ne voit mieux comment l'antique Pramantha des traditions aryennes est insensiblement devenu le génie civilisateur de l'humanité.

Tout à coup des paroles entrecoupées, des cris de douleur se font entendre. C'est la « vierge cornigère, » Io, aiguillonnée sans relâche par un taon furieux qui la force à parcourir la terre entière sans lui accorder un moment de repos. Sa sympathie pour Prométhée, dont la vue lui fait un moment oublier ses propres douleurs, s'explique aisément. Elle ressent comme lui pour l'idéal, pour la gloire et la puissance, un attrait que la fatalité rend irrésistible et. qui fait son tourment. Elle aussi naguère avait des songes qui lui mettaient l'ambition au cœur tout en la remplissant d'inquiétudes. Elle entendait en rêve des voix séductrices. Elle implore du savant Prométhée la révélation de ce qui l'attend encore. Io est comme lui victime de Jupiter ; mais la différence est que Prométhée lutte énergiquement, résiste avec audace, va même jusqu'à braver le pouvoir brutal qui enchaîne son corps et ne pourrait asservir son esprit, tandis que la fille plaintive d'Inachus est misérablement et malgré elle poussée vers la couche fatale à la fois et glorieuse du souverain des dieux. L'un est actif dans sa poursuite de l'idéal, l'autre est passive sous un pouvoir vainqueur. L'un pousse la plainte jusqu'au blasphème, l'autre ne sait que se lamenter sans songer même à se soustraire à l'attrait qui la fascine. Prométhée trouve encore la force d'encourager et de consoler la pauvre exilée. D'ailleurs sa prescience lui révèle que Io doit être mère d'une lignée glorieuse d'où sortira son libérateur à lui-même. Il lui indique un itinéraire bizarre qu'elle doit suivre pour se rendre en Égypte. Là, son union définitive avec Jupiter la rendra mère d'Épaphus. À la troisième génération, issue de cette union divine, naîtra un vaillant archer qui délivrera l'ami de l'humanité.

Le chœur cependant se flatte de continuer à vivre dans sa tranquille obscurité et de ne jamais être aimé de Jupiter. Puis le taon impatient recommence à piquer « la vierge cornigère, » qui s'enfuit désespérée où les destins l'appellent. La pauvre humanité, faible et plaintive, a beau s'arrêter dans son long pèlerinage pour écouter un voyant dont les paroles lui dévoilent la destinée et l'encouragent, l'ordre *marche, marche toujours*, ne tarde jamais à retentir ; il faut bien qu'elle reparte, le flanc ensanglanté, et qu'elle aille au-devant de cet idéal qui l'attire à la fois et l'épouvante. Mais qu'elle ne renonce jamais à l'espérance. Prométhée, qui voit de plus loin et de plus haut qu'elle, sait bien que le taon insatiable qui s'acharne après elle la mène, à travers sa passion, au point marqué d'en haut où la délivrance doit s'accomplir et les gémissements se changer en cris de triomphe.

Ici en effet se dévoile la pensée fondamentale du poème. Déjà confusément indiquée dans les dialogues de Prométhée avec les Océanides, plus clairement énoncée dans l'entretien avec Océan, elle est enfin nettement exposée dans le discours tenu à Io. Hardiesse inouïe ! blasphème plein de mystère ! Prométhée prédit en termes on ne peut plus fermes que Jupiter à son tour cessera un jour de régner. Du moins, s'il ne prend pas conseil de Prométhée, qui seul pourrait lui indiquer le moyen d'échapper aune ruine certaine, la malédiction de son père Saturne s'accomplira sur lui, de même que Saturne, malgré ses cruelles précautions, a dû succomber à la fin sous le poids de la malédiction de son père Uranus, qu'il avait détrôné. Prométhée enchaîné défie audacieusement le maître du tonnerre. Ou bien il sera délivré, ou, bien Jupiter s'en repentira. Le titan peut même dire d'avance quelle sera la cause de sa déchéance. Ce sera un mariage inconsidéré, d'où naîtra un fils plus fort que lui, possesseur d'une flamme supérieure à la foudre et d'une puissance plus formidable que le trident de Neptune. Les attaques dirigées par Prométhée contre le tyran des dieux et des hommes sont même de telle sorte qu'on s'est souvent demandé comment Eschyle, poète croyant, nullement sceptique, avait pu concilier sa foi religieuse avec les déclarations qu'il met dans la bouche de son héros, surtout quand on voit que son intention évidente est de lui donner raison au point de vue moral ; mais ce genre de questions ne doit pas se poser quand on connaît bien l'esprit du polythéisme grec. À partir du moment où la tradition religieuse, généralement acceptée en Grèce, avait reconnu des déchéances célestes et fait de Jupiter un dieu relativement jeune, il est clair que rien absolument ne pouvait garantir l'éternité de son règne. Ses prédécesseurs et lui-même étaient soumis au Destin. Prométhée n'avait pas manqué de le rappeler : les Parques et les Érinnyes, le Destin fatal et vengeur sont plus forts que Jupiter, qui ne saurait échapper à leurs décrets. Voir de l'incrédulité réfléchie dans les prévisions que le poète met dans la bouche de Prométhée, c'est donc se tromper de temps et de lieu. Eschyle, dira-t-on, fut traduit en justice comme contempteur des dieux ; mais ce ne fut pas comme incrédule, ce fut sous l'inculpation d'avoir révélé les secrets des mystères, et du reste il fut absous. D'ailleurs la doctrine religieuse du polythéisme n'eut jamais cette fixité dogmatique à laquelle le christianisme traditionnel nous a habitués, comme si c'était la forme nécessaire de toute religion. Nous avons, Dieu merci, dépouillé l'intolérance pratique, mais nous avons conservé, en matière de religion comme en tout le reste, ce qu'on peut appeler l'intolérance logique. Le contradictoire nous est insupportable. Adorer comme l'être absolu un dieu ne dans le temps, d'un caractère très imparfait, qu'une autre divinité pourrait renverser, nous serait complètement impossible. Or cette antinomie, l'antiquité païenne la supportait sans le moindre effort. C'est de la même manière qu'elle put considérer comme gardiennes et protectrices de la loi morale des divinités qui la violaient à chaque instant dans leurs passions ou leurs caprices. Il faut se le rappeler toujours : l'absolu, pour le paganisme antique, fut cette idée mystérieuse, mal définie, du Destin, de la Némésis, véritable fondement et des divinités personnelles et des lois morales, réalisant celles-ci au moyen et souvent aux dépens de celles-là, et dont les décrets, aveugles en ce sens qu'ils pouvaient épargner les coupables et laisser s'accomplir des iniquités révoltantes, ne s'accomplissaient pas moins avec une inexorable certitude sur les descendants ou les proches des criminels. Eschyle put adorer Jupiter, le dieu suprême de l'ordre physique, institué tel par le Destine ; tout en faisant de Prométhée un martyr dans la pleine acception du mot, et sans croire qu'il blasphémait en laissant entrevoir la chute possible du dieu souverain.

Qu'il y ait dans le sentiment irréfléchi de la caducité des dieux adorés un germe de mort pour la religion qui l'inspire, je suis loin d'en disconvenir. Plus d'une prophétie inconsciente de ce genre minait par la base les polythéismes antiques. Les dieux du paganisme étaient des dieux issus de la nature, qui ne revêtaient un caractère moral que d'une façon indirecte et par dérivation de leur caractère phénoménal. Le Dieu-esprit seul peut être toujours adoré par l'homme. Il n'y a au fond rien que de très logique à rencontrer la déchéance future des dieux énoncée avec une clarté, une vigueur exceptionnelles dans le drame où la pensée religieuse de l'antiquité est arrivée à sa plus haute expression.

Nous ne devons pas nous étonner davantage du rôle fort peu noble que joue le dernier acteur divin qui entre en scène dans la tragédie d'Eschyle. Hermès ou Mercure était l'objet d'un culte fort populaire à Athènes. En le prenant simplement tel que la mythologie nationale le lui donnait, comme un messager de Jupiter, entièrement soumis à ses ordres, éloquent et rusé, mais sans aucune grandeur morale, le poète en fait sans impiété le type directement opposé à celui de Prométhée. C'est encore une des beautés de son drame que d'avoir finalement opposé au génie bienfaiteur de l'humanité un caractère d'une grande souplesse et d'une grande habileté, mais d'une sécheresse, d'un égoïsme imperturbable. Mercure est le courtisan, humble devant le maître, insolent envers les malheureux, méprisant les grandes âmes victimes de leur grandeur même, ne croyant qu'à la force et ne cherchant qu'à rester en bons termes avec les puissances établies. Il vient de la part de Jupiter trouver le titan coupable, l'ennemi des dieux, le voleur du feu. Son maître le somme de dire quel est ce mariage dont la consommation entraînera sa perte. Prométhée répond fièrement qu'il a déjà vu tomber deux dieux souverains, qu'il verra bien la chute du troisième, et que Mercure peut s'en retourner d'où il est venu. Ce que le prophète a consenti à révéler devant la pauvre Io, il le taira devant l'insolent messager dont il méprise le caractère et le métier. Il hait tous ces dieux nouveaux qui tyrannisent le monde. Ni machination ni tourment ne pourront le forcer à dévoiler l'avenir à Jupiter avant que celui-ci n'ordonne sa délivrance. Alors Mercure lui dénonce le redoublement d'infortunes qui suivra son endurcissement. D'un coup de son tonnerre, Jupiter retournera le rocher qui le porte et qui pendant longtemps pèsera sur son corps. Prométhée reparaîtra à la lumière, mais alors l'oiseau vorace de Jupiter viendra chaque jour se repaître de son foie. Il y a là discordance avec la légende vulgaire : celle-ci en effet ne distinguait pas la punition première de Prométhée de l'aggravation de peine due au courroux croissant de Jupiter. La variante préférée par Eschyle est sans contredit supérieure. Au nom des dieux régnants, le génie humain est condamné à l'immobilité après ses conquêtes.

Cette condamnation l'exaspère, il rompt en visière avec les divinités tyranniques, et, victime des dieux, reste sans dieu. C'est alors que, tombant au-dessous de lui-même, il ne se réveille que pour être rongé d'esprit, torturé dans son âme. Son supplice, d'après Eschyle, sera de longue durée. Il ne prendra fin que dans le cas bien improbable où un autre dieu consentirait à descendre à sa place dans les horreurs du Tartare. Le chœur épouvanté supplie Prométhée de céder, de s'humilier devant le maître du monde. Prométhée riposte fièrement qu'il n'y a rien de honteux à être traité en ennemi par son ennemi, et que d'ailleurs il défie Jupiter, qui ne saurait le tuer. Cette force que Prométhée tire de son immortalité est remarquable. Mercure, voyant échouer sa mission, se décide à partir, et par ses menaces force le chœur, qui aurait voulu rester près du martyr, à l'abandonner aussi. La tragédie se termine par une scène de terreur : la terre tremble, le tonnerre gronde, les vents mugissent, la mer se soulève. C'est l'assaut de Jupiter contre le titan indompté. Prométhée, au milieu de ces horreurs, en proie à d'intolérables douleurs, ne peut plus que jeter un dernier cri, où il prend à témoin « sa mère et l'air pur » des tourments qu'il lui faut endurer.

Il est bien regrettable que nous ne possédions pas la troisième tragédie qui nous faisait assister à la délivrance de Prométhée. On ne peut que faire des conjectures sur le plan de ce drame. D'après quelques citations des auteurs de l'antiquité qui l'ont lue, il semble qu'à la longue Prométhée aurait senti son obstination s'amollir sous les coups de la fortune implacable. Cela était naturel au point de vue religieux d'Eschyle, qui, tout en lui donnant raison au point de vue moral, ne pouvait le laisser toujours en révolte contre les dieux qu'il adorait lui-même. Il semble aussi que la nouvelle période dans laquelle cette dernière tragédie faisait entrer le spectateur devait être une ère de délivrance générale. Du moins les titans en masse paraissent délivrés et viennent aux bords du Phase sympathiser avec leur frère encore enchaîné.

Du reste, le grand rôle de ce nouveau Prométhée devait revenir à Hercule, le descendant invincible de Io, lequel rencontre le sublime captif dans son voyage aux Hespérides, Il se fait raconter son histoire, et, sans craindre le ressentiment de Jupiter, tue l'aigle qu'on voyait arriver pour consommer son affreux repas, puis il déchaîne le titan.

En même temps, et pour que la clause mise autrefois par Mercure à cette délivrance soit aussi exécutée, il se trouve que Chiron, blessé par mégarde dans le combat d'Hercule contre les centaures et souffrant d'insupportables douleurs, est las de son immortalité et consent à descendre au Tartare à la place de Prométhée. Celui-ci rentre donc en possession des honneurs divins, Réconcilié avec Jupiter, il lui conseille de renoncer à l'amour de Thétis, qui devient mère d'Achille en épousant le mortel Pelée, mais qui eût enfanté un fils plus puissant que son père, si Jupiter avait persisté à s'unir à elle. Toutefois, si Prométhée est réintégré dans sa charge de prophète et conseiller des dieux, il portera désormais un anneau de pierre au doigt et une couronne de saule sur la tête en souvenir de son long martyre.

Il est assez difficile d'asseoir un jugement critique sur ces données incomplètes, lesquelles ne diffèrent pas essentiellement des légendes vulgaires dont Prométhée était le sujet. Tout ce qu'on peut affirmer, c'est que la légende et le génie tragique étaient d'accord pour stipuler une rédemption finale du génie persécuté. L'homme se refuse instinctivement à croire à l'éternité des peines. Reste à savoir si le drame de la délivrance pouvait se rattacher à celui du supplice autrement que par le lien extérieur, peu satisfaisant pour l'esprit, du mythe populaire, ou bien si le génie du poète a su corriger les inconséquences de ce mythe tout en respectant la forme consacrée. Cette dernière supposition est peu probable. La situation était insoluble au point de vue païen. Prométhée et Jupiter ne se sont réconciliés qu'à la condition, pour le premier de se démentir, pour le second de s'adoucir ; mais reconnaissons-nous là le Jupiter et le Prométhée des deux premiers drames ? Ne sont-ils pas l'un et l'autre infidèles à leur caractère ?

Quoi qu'il en soit voilà ce qu'est devenue dans l'antiquité grecque l'histoire aryenne de Pramantha. C'est en Grèce que l'idée s'est dégagée du chaos mythologique et que le bâton producteur du feu-est devenu finalement l'incarnation de l'esprit humain en lutte audacieuse et constante avec l'ordre de la nature.

IV

On conçoit aisément qu'un mythe comme celui de Prométhée, surtout sous la forme achevée qu'il a revêtue dans la tragédie d'Eschyle, ait souvent attiré l'attention des penseurs religieux. La couleur romantique qui en fait une exception dans le milieu grec où nous le rencontrons devait lui valoir les sympathies particulières des grands poètes les plus rapprochés de nous, Schiller, Goethe, Shelley, Byron. Tout le monde connaît en France l'interprétation hardie qu'en a donnée un éloquent écrivain, M. Edgar Quinet. Cependant on ne peut pas dire que la sérieuse appréciation des vérités philosophiques et religieuses impliquées dans ce mythe remonte très loin dans l'histoire de la pensée chrétienne. On ne trouve que de rares allusions à

Prométhée dans la littérature des pères de l'église, et cela est d'autant plus étonnant que leurs réflexions se reportent très souvent sur les fables païennes, soit que, sous l'influence des idées alexandrines, ils cherchent dans les vérités religieuses et morales symbolisées par la mythologie des inspirations imparfaites, mais déjà respectables, de la raison divine, universellement répandue dans l'humanité, soit qu'ils ne voient dans ces analogies que des ruses du démon. Comment donc n'ont-ils pas été plus frappés de tout ce qu'il y a de chrétien longtemps avant le christianisme dans le merveilleux déroulement du drame d'Eschyle ? Tertullien seul, du moins à ma connaissance, en a tiré parti, et seulement en passant. Il présente quelque part le Christ aux païens comme le *verus Prometheus blasphemiis lancinalus*. Chez les autres, c'est tout au plus si l'on peut signaler de vagues indications tendant à montrer dans Prométhéc *le prévoyant* une personnification de la Providence, ou dans la fable qui le représente pétrissant l'homme avec de l'argile un écho du récit de la Genèse. Cela tient d'abord au manque absolu de critique et de goût qui dépare ordinairement les appréciations que les pères faisaient du paganisme, mais surtout au fait, démontré par l'histoire du dogme, que le côté par lequel la tragédie d'Eschyle se prête le mieux à un parallèle avec l'Évangile, savoir le caractère rédempteur du héros expiant par d'horribles souffrances son généreux dévouement à l'humanité, n'était pas plus compris de leur temps que la face correspondante du christianisme. L'unité de Dieu et, par une conséquence naturelle, les rapports du Fils avec le Père concentrent l'attention des premiers siècles de l'église, engagée en plein dans sa lutte à mort avec le vieux polythéisme. La doctrine de la rédemption reste sur l'arrière-plan de l'enseignement ecclésiastique, au moins jusqu'à Augustin. Après lui, il y eut de trop bonnes raisons pour qu'on ne se préoccupât plus guère de rechercher les affinités des religions antiques et de la religion chrétienne. Il en fut autrement depuis la renaissance, et surtout depuis la réforme. Celle-ci, s'inspirant des épîtres de

Paul, avait remis au centre même de l'enseignement chrétien l'œuvre de rédemption accomplie par le Christ sur la croix. Dans ce cours d'idées, il était naturel que Prométhée apparût comme une sorte de prophétie païenne de l'auguste drame de la passion. On retrouvait là, cloué par les mains et les pieds, un être divin plein d'amour pour les hommes, affrontant pour eux la plus cruelle destinée, payant par ses souffrances imméritées le salut du genre humain, que Jupiter irrité voulait faire périr. Cette coïncidence pouvait appuyer soit la théorie, renouvelée de Philon, des emprunts que la littérature grecque aurait faits aux livres de la Bible, soit l'hypothèse d'une révélation primitive qui, conservée pure dans les annales d'Israël, se retrouverait chez les autres peuples à l'état fragmentaire. On ne réfléchissait guère qu'il eût été bien difficile de tirer des livres bibliques existant au temps d'Eschyle quelque chose de semblable aux doctrines du Nouveau-Testament sur le salut du genre humain. On prenait alors la Bible en bloc, comme un tout homogène, enseignant une seule et même doctrine depuis la Genèse jusqu'à l'Apocalypse. Les détails du drame païen venaient, comme à point nommé, donner à l'analogie générale qu'on avait constatée un degré d'intimité que l'imagination complaisante renforçait encore. Prométhée, comme le Christ, avait le flanc percé. Il prophétisait la chute de Jupiter et des dieux régnants. La vierge Io, que Jupiter devait féconder par un simple attouchement, ressemblait à s'y méprendre à la vierge Marie. Les Océanides venaient pleurer devant Prométhée attaché sur son rocher comme les saintes femmes an pied de la croix. Prométhée descendait aux enfers, pendant un tremblement de terre, sous le poids des colères divines, et la théologie protestante d'alors, poussant jusqu'à l'absurde les théories d'Anselme, voulait que Dieu le père eût fait sentir au Christ mourant le poids infini de son courroux contre les hommes en le plongeant dans des tortures dépassant toute mesure humaine. De plus, d'après un des évangélistes, la terre trembla lors de la mort du Christ. En un mot, les ressemblances, plus ou moins forcées, étaient telles qu'à la fin il se trouva des écrivains incrédules qui prétendirent que c'était non pas la fable qui avait prédit l'Évangile, mais l'Évangile qui avait copié la fable.

Nous ferions injure au bon sens de nos lecteurs en discutant sérieusement ces deux exagérations. L'Évangile n'a rien copié, la fable n'a rien prédit. Prométhée n'est pas un rédempteur, car il a lui-même besoin d'être délivré. Sa disposition religieuse n'est rien moins qu'irréprochable. Io n'est pas sa mère, et Jupiter n'est pas le moins du monde son père. Les ressemblances et les analogies incontestables que l'on doit reconnaître à côté de différences non moins évidentes tiennent à une cause bien plus profonde qu'à des emprunts réfléchis ou à de vagues réminiscences d'une révélation primitive. C'est l'unité de l'esprit humain qui est au fond de ce rapport entre la fable païenne et l'histoire évangélique. Le supplice du Golgotha est la plus auguste application d'une loi de l'histoire que l'intelligence avait pu déjà, sinon formuler, du moins pressentir et présenter sous le splendide manteau d'une légende admirable. L'intuition du génie grec, dirons-nous, était juste, car le fait évangélique lui a donné raison, et il n'est pas surprenant que la réflexion chrétienne se soit rencontrée avec la pensée antique pour affirmer une même et grande vérité.

Cette vérité, proclamée d'un commun accord par le mythe, par la poésie et par l'Évangile, c'est que les grands bienfaiteurs de l'humanité, ses libérateurs, ses vrais amis, paient leur dévouement de leur bonheur, et doivent expier dans la souffrance la sainte ambition qui les dévore. Tel est l'ordre, telle est la loi de l'histoire. On dirait qu'un dieu jaloux ne permet pas que l'homme grandisse impunément en savoir et en puissance. Jupiter, conservateur des lois du monde, le veut ainsi. Le Jéhovah lui-même de la Genèse chasse de l'Eden l'homme arrivé à la vie morale, « de peur, dit-il, qu'avançant sa main, il ne prenne du fruit de l'arbre de vie, n'en mange et ne vive toujours. » Plus tard, Jacob n'entra dans la terre promise qu'après avoir lutté toute une nuit contre un être mystérieux et sans nom qui dut disparaître à l'aurore. Pour pouvoir s'en aller cet esprit des ténèbres se vit forcé de bénir son opiniâtre adversaire, lequel, quoique vainqueur, revient boiteux de son duel nocturne avec le Fort que nul œil ne pouvait voir. Prométhée aussi, réintégré dans l'Olympe, porte éternellement à son doigt un anneau découpé dans la pierre témoin de son martyre. On voit par là combien cette notion du progrès acheté par la souffrance et pour ainsi dire par la lutte avec Dieu remonte loin dans les croyances religieuses. On voit quels liens sacrés la pensée moderne a pu saisir entre le drame fictif du Caucase et le drame réel du Calvaire.

Deuxième partie

La fable de Prométhée considérée dans ses rapports avec le Christianisme[3]

Si la conception d'un ouvrage d'art est, en quelque sorte, indépendante de la volonté de l'auteur, il ne s'ensuit pas que le statuaire, le peintre, le musicien, le poète, soient condamnés à ignorer à jamais les principes auxquels ils se sont conformés, souvent à leur insu. Quand leur œuvre est achevée, la réflexion ne peut-elle se montrer chez eux après l'inspiration ? Dans les affections de l'âme les plus involontaires, il arrive un moment où, après y avoir cédé, on est libre de les examiner pour les condamner ou pour les absoudre ; pourquoi ce qui, est possible dans les passions du cœur ne le serait-il pas dans les passions de l'intelligence ?

---

[3] Edgar Quinet (1803 – 1875).

Si c'est le contraire qui est vrai, je dois ici justifier d'abord le titre de ce poème. Dans un temps où les sujets tirés de l'antiquité sont livrés à un discrédit presque universel, comment oser représenter à des lecteurs sensés les dieux, usés de l'Olympe ? N'est-ce pas se condamner soi-même, et par plaisir, à un juste abandon ? Je pourrais dire à cet égard que la connaissance des sociétés anciennes ayant été transformée par diverses découvertes, ou par des interprétations plus profondes, c'est, en quelque sorte, une antiquité nouvelle qui s'offre à l'imagination des hommes de nos jours. Le passé s'agrandit sans mesure. Toutes les histoires sont refaites; tous les siècles sont étudiés ou restaurés. Pendant ce temps-là, faut-il que la poésie, obéissant seule à un instinct contraire, circonscrive de plus en plus son objet ? La figure de l'humanité, qui se complète et s'accroît chaque jour dans l'histoire, ne doit-elle se montrer dans l'art que par fragments ? Supposez que nous nous fermions l'école de l'antiquité au moment même où nous aurions peut-être le plus besoin d'y puiser quelque règle certaine, la même interdiction menace de bien près les souvenirs du moyen-âge. Après le moyen-âge, j'ai vu le XVIIe siècle et le XVIIIe répudiés l'un après l'un par des raisons semblables. Dans cette voie, où s'arrêter ? D'exclusion en exclusion, nos sympathies se trouveraient bientôt bornées à l'heure présente ; et sans aliment, sans espace pour se développer, obligé de se consumer sur d'imperceptibles objets, l'art ne manquerait pas de s'éteindre et de périr dans le vide. C'est la voie opposée, que toutes les inductions nous conseillent de suivre. Placé comme au dénouement des traditions universelles, lié par des rapports connus avec tous les temps de l'histoire, l'homme de nos jours tient, pour ainsi dire, dans sa main, la trame entière du passé ; au lieu de se diminuer volontairement et de se renfermer dans un passé d'un jour, il faut donc travailler à s'étendre et à s'accroître avec la tradition. Les temps ne sont plus divisés par des autels intolérants. L'unité de la civilisation est devenue un des dogmes du monde. Un seul Dieu, présent dans chaque moment de l'histoire, rassemble en une même famille les peuples frères que des années rapides séparent seulement les uns des autres : ceci établi, n'est-ce pas le temps de répéter avec plus de foi que jamais le mot du théâtre romain :

Je suis homme ; rien d'humain ne me semble étranger.

Cette raison est générale ; il en est une autre particulière au sujet de ce poème. S'il est, en effet, permis aux modernes de traiter des sujets antiques, assurément c'est lorsque ces sujets n'ont trouvé d'explication et de dénouement véritable que dans les révolutions et dans le génie des sociétés modernes. Or, il en est plusieurs de ce genre. Prométhée est le plus frappant de tous. Il suffit de se rappeler les principaux traits de la tradition du Caucase ; on se convaincra que c'est là une des énigmes de la poésie païenne, qui n'ont été résolues que par l'esprit du christianisme.

Prométhée s'est révolté contre le pouvoir des dieux établis ; il a créé l'humanité malgré eux ; il leur a dérobé le feu sacré. Les divinités païennes l'enchaînent sans le soumettre. Sur le Caucase, il prophétise leur chute ; il attend le Dieu nouveau qui, en les renversant, viendra le délivrer. D'autre part, au nom du culte menacé, Jupiter fait serment que le blasphémateur restera à jamais enchaîné sur le rocher. Entre ces serments opposés, entre le prophète de l'avenir et le Dieu du passé, quelle conciliation présentait le paganisme ? Aucune. Tant que la famille des Olympiens n'est point renversée, d'où peut venir le salut de celui qui la renie ? Il faudrait, pour la délivrance de Prométhée, qu'il abjurât sa prophétie, ou que Jupiter démentît sa divinité, c'est-à-dire que l'un ou l'autre de ces caractères cessât d'être ce qu'il est en effet. Tant que le Dieu nouveau ne paraît pas, le supplice du Caucase n'a aucune raison de finir ; le Christ, en détruisant Jupiter, est le seul rédempteur possible de Prométhée.

Entraînés par la nécessité de clore la tradition, les anciens avaient pourtant délivré le Titan. Eschyle, Sophocle, et probablement Euripide, avaient chacun tiré un drame de ce sujet. Personne ne doutera que le génie de ces grands maîtres ne fût empreint dans ces ouvrages. Ils maîtrisèrent, par la volonté, les contradictions qui naissaient en foule du fond même de la fable. Dune tragédie insoluble dans le système du paganisme, ils firent sortir des prodiges d'art. Mais ces prodiges même ne changèrent point la nature des choses. Le poète triompha du sujet ; le sujet resta ce qu'il était, incomplet, énigmatique ; encore pourrait-on croire que les dénouements inventés par ces grands hommes n'égalèrent ni la beauté, ni le naturel de leurs autres drames, puisque non-seulement la postérité ne les a pas conservés, mais que les critiques et les scholiastes y ont fait de si rares allusions. Strabon a conservé une vingtaine de vers de la pièce d'Eschyle ; il n'en reste aucun de celle de Sophocle ni de celle d'Euripide.

Veut-on voir de plus près la difficulté que j'indique ici ? il faut considérer les bas-reliefs dans lesquels cette partie du sujet est traitée. Prométhée est, en effet, délivré par Hercule ;

mais ce Prométhée, repentant, découragé, qui se dément lui-même, conserve éternellement aux pieds et aux mains un fragment de la pierre du Caucase. Par cet expédient, on allait au-devant de toutes les contradictions. Le serment de Jupiter n'était-il pas maintenu à la lettre ? Le Titan avait beau reparaître dans le ciel, il n'était point délié du rocher dont il traînait un fragment avec lui. Ce sophisme transporté dans l'art, contrairement à la simplicité du génie grec, n'est-il pas la preuve la plus évidente de l'impossibilité où le paganisme était de trouver un dénouement sérieux à son poème ?

Au contraire, en complétant par le christianisme la tradition de Prométhée, on se conforme à la suite naturelle des révolutions religieuses ; on achève cette tragédie divine d'après le plan même qui a été marqué dans l'histoire par la Providence, et suivi, en effet, par l'humanité. Le poème devient ainsi l'image de la réalité même. D'ailleurs, on se rencontre dans cette idée avec l'imagination de plusieurs pères de l'église. Longtemps avant moi, un ancien commentateur d'Eschyle, l'Anglais Stanley, a remarqué que les fondateurs du christianisme se sont attachés à interpréter de cette manière la figure de Prométhée. Malgré l'horreur que le paganisme leur inspirait, ils n'ont pas laissé d'associer cette tradition à l'idée des mystères les plus sacrés des Ecritures. Souvent ils ont comparé le supplice du Caucase à la passion du Calvaire, faisant ainsi de Prométhée un Christ avant le Christ. Parmi ces autorités, celle de Tertullien est surtout frappante. Deux fois, en annonçant aux gentils le Dieu des martyrs, il s'écrie : Voici le véritable Prométhée, le Dieu tout-puissant, transpercé par le blasphème : *Verus Prometheus, Deus omnipotens, blasphemiis lancinatur*. Ailleurs, et conformément à la même idée, il parle des croix du Caucase : *Crucibus Caucasorum*. Quoique exprimé en d'autres termes, le sentiment des apologistes grecs et latins est le même, que celui de l'Africain. Il n'est peut-être pas inutile de dire que le principal bas-relief de Prométhée a été retrouvé dans les caveaux d'une église, parmi des tombes d'évêques et des sculptures catholiques, avec lesquelles il était confondu depuis plusieurs siècles ; mais, sans attacher à cette circonstance plus d'importance qu'elle n'en mérite, les témoignages indiqués ci-dessus suffiraient pour montrer que l'alliance que j'ai établie entre la fable antique et les idées chrétiennes n'est pas un artifice de la fantaisie moderne ; qu'elle repose, au contraire, sur une sorte de tradition, et, j'ose le dire, sur la nature intime des choses

Pour s'en mieux convaincre, on pourrait rechercher les vestiges du christianisme avant le Christ. Ce serait même là le sujet d'un ouvrage bien digne d'être entrepris de nos jours ; on serait étonné de voir combien de prophéties chrétiennes émanaient de tout le monde païen longtemps avant l'Évangile. Depuis longtemps les ressemblances des philosophes grecs avec les apôtres, du Phédon et de saint Jean, ont été remarquées ; il resterait à montrer le même accord dans l'art et dans la poésie. Ces pressentiments ne se montrèrent nulle part mieux que chez les tragiques. L'art antique n'ayant pu accepter tout entier le dogme de la fatalité, le chœur resta dans le drame comme une protestation perpétuelle contre le destin et les violences de la scène Les droits éternels de la justice, de la liberté, de la sainteté, de la conscience, furent conservés dans sa bouche. Aussi, lorsqu'on lit assidûment ces poètes, on est de plus en plus ravi des sentiments de sainteté qu'ils contiennent en abondance. Véritablement, le Jupiter que Sophocle adore n'est plus le même que celui d'Homère, mais plutôt, comme disaient les pères de l'église, un Jupiter chrétien *Jovem christianum*. Dans les deux Œdipes quelle piété auguste ! quel spiritualisme ailé ! Nous voilà déjà bien loin de l'enivrement de l'idolâtrie ! Surtout quelle charité véhémente au sein de laquelle le dogme de l'amour, révélé par saint Jean, semble toujours près d'éclore ! Lorsque Antigone invoque ces lois immuables qu'aucune main n'a écrites, que les dieux n'ont point faites, qui sont plus fortes que le destin, plus puissantes que Jupiter, n'est-ce pas là une parole de l'éternel

Évangile ? et ne dirait-on pas d'une vierge martyre et baptisée dans les sources inconnues du monde naissant ? Or, cette observation ne s'applique pas seulement à Sophocle ; elle est aussi très vraie pour ce qui regarde Eschyle, et même Euripide, malgré les différences infinies qui, d'ailleurs, les séparent ; le premier à demi oriental, et qui rappelle dans ses chœurs la langue d'Isaïe ; le second, qui se rapproche du génie des modernes par les mêmes symptômes de défaillance morale et de langueur passionnée. Je n'ai rien dit de Pindare, quoique, sous l'apparente idolâtrie de l'art et de la parole, il jette peut-être les éclairs les plus extraordinaires et les plus, divins oracles. Au cœur du paganisme se perpétue ainsi la révélation d'un même avenir, et tous ces esprits précurseurs se rencontrent dans la tradition universelle du Dieu de l'humanité. Il semble même que les Pères aient eu un sentiment vague de ce progrès continu de la religion, lorsqu'ils répétaient aux païens ce mot profond dont il m'est impossible de faire passer la force dans notre langue : Nous avons été des vôtres.

On ne naît pas chrétien, on le devient. *De vestris fuimus. Fiunt, non nascuntur christiani.* Je ne puis croire que considérer ainsi le christianisme, ce soit le méconnaître. Au lieu de le rencontrer isolé, et sur un point unique de la terre, on le voit par degrés surgir du sein de tous les cultes. Son Dieu n'est plus la propriété d'une tribu, mais l'héritage du monde. Partout où s'établit une société, il y compte des envoyés et des représentant ; chaque empire est son prophète ; chaque peuple écrit une page de son ancien testament ; et c'est dans ce sens qu'il peut justement et éternellement s'appeler le Dieu universel ou catholique.

Cette unité du dogme de l'humanité explique aussi pourquoi les premiers chrétiens ont compté quelques poètes païens au nombre des précurseurs de l'Evangile. Orphée, Virgile, ont passé au moyen-âge pour de véritables prophètes. On sait par quels changements les sibylles sont devenues des personnages tout chrétiens, et comment Michel-Ange a pu les introniser dans la chapelle de la papauté.

Pendant les premiers siècles de l'église, que de vois les oracles profanes n'ont-il pas été appliqués au Dieu nouveau ! *Témoin David et la Sibylle*, ces paroles du *dies iroe* font encore aujourd'hui partie de la liturgie catholique. Dans un des hymnes de saint Bernard, on trouve ces mots non moins expressifs : Si les Juifs ne croient pas leurs prophètes, qu'ils croient du moins les prédiction de la sibylle ! Etendez et réglez la pensée vague du moyen-âge ; Pindare, Eschyle, Sophocle, enfants du Dieu de l'humanité, seront reconnus pour frères d'Isaïe, de Daniel et d'Ezéchiel.

Dans ce sens, Prométhée est le prophète du Christ au sein de l'antiquité grecque. Le Dieu que les voyants hébreux annonçaient à l'Orient, il le prédisait à l'Occident. Le même christianisme qui devait plus tard se développer par l'alliance de l'Evangile et de Platon, se révèle d'abord dans la haute antiquité par la bouche des prophètes et par celle de Prométhée ; le Titan se rencontre ici avec les patriarches.

Prométhée est la figure de l'humanité religieuse. Mais il n'a pas seulement ce caractère historique ; il renferme le drame intérieur de Dieu et de l'homme, de la foi et du doute, du créateur et de la créature ; et c'est par là que cette tradition s'applique à tous les temps, et que ce drame divin ne finira jamais. On a beau échapper aux pensées qu'il contient ; sous une forme ou sous une autre, elles reviennent incessamment, et sent, pour ainsi dire, l'élément éternellement subsistant de toute poésie. Quelles que soient les occupations d'un siècle, l'ardeur des intérêts du présent, le conflit des doctrines, la collision et la fureur des partis, on finit toujours par arriver à l'heure où il faut se rencontrer face à face avec Dieu. Alors les anciennes questions, dont on se croyait pour jamais débarrassé, résonnent de nouveau : Qui es-tu ? Que crois-tu ? Qu'attends-tu ? En vain on en détourne son oreille, elles ne cessent point de retentir, qu'on n'y ait fait une réponse.

Combien cela n'est pas plus frappant si vous appartenez à l'une de ces époques où la religion subit, dans les esprits, un incontestable changement ! C'est alors que se réveillent les grandes énigmes posées par les sociétés précédentes, et qui n'ont point encore été résolues. Dans l'ignorance où chacun se sent tout à coup replongé, ces antiques emblèmes de la curiosité de l'âme humaine semblent faits tout exprès pour le temps ou vous vivez. La différence fondamentale qui sépare les âges de l'humanité ayant disparu avec la foi positive, tous les siècles se trouvent subitement rapprochés dans une même communauté de doutes et d'angoisses morales ; il n'y a plus ni Grecs, ni barbares, ni gentils, ni chrétiens, ni anciens, ni modernes, mais une même société d'hommes réunis autour d'un même abîme, et qui se font les uns aux autres la même question presque dans les mêmes termes.

Les Grecs avaient, il semble, emprunté de l'Orient la tradition de Prométhée. Au sortir du moyen-âge, cette tradition a été traitée par Calderon. De nos jours, elle a préoccupé à des degrés différents Goethe, Beethoven, Byron et

Shelley. Chacun de ces poètes a pu être original à sa manière ; ce sujet étant du petit nombre de ceux qui, enfermant, dès le commencement, toutes les questions qui se rattachent à l'homme, ne peuvent, en quelque sorte, être épuisés que par l'humanité même.

Si Prométhée, comme l'indique son nom, est l'éternel prophète, il s'ensuit que chaque âge de l'humanité peut mettre de nouveaux oracles dans la bouche du Titan. Peut-être même n'est-il aucun personnage qui se prête davantage à l'expression des sentiments d'attente, de curiosité, d'espérances prématurées et mêlées de regrets, dans lesquels notre temps est enchaîné. Je remarque, à cet égard, que toutes les fois que le poète, le sculpteur, le peintre, ont exprimé ce que l'on appelle aujourd'hui des pensées d'avenir, ils ont dû se servir pour cela des formes et des figures du passé. En soi, l'avenir est une abstraction sans corps, sans forme, et qui n'existe nulle part. Sitôt qu'il devient une réalité, il se convertit en un présent qui a lui-même un passé. Exiger du poète qu'il forme seul, et de sa propre substance, le monde de l'avenir sans aucun des débris d'un monde antérieur, ce serait vouloir mettre la métaphysique à la place de la poésie ou la prophétie à la place de l'art. Autant vaudrait demander une statue sans marbre, un tableau sans toile, un édifice sans matière. Lorsque Virgile a raconté les destinées de la Rome des empereurs, il a gravé sa prophétie sur le bouclier antique d'Enée. De la même manière, quand Fénelon a voulu donner une forme aux rêves à travers lesquels il entrevoyait la société de l'avenir, il a rejeté ces rêves dans la civilisation de Salente. J'en pourrais dire autant de tous les artistes, peintres, sculpteurs, poètes, chez qui on ne trouve jamais l'avenir que recélé et emprisonné dans les liens du passé, ainsi, que cela arrive, en effet, dans la nature et dans le monde réel. Imaginer que la poésie puisse se séparer entièrement de toute tradition, de tout souvenir, de toute matière, et se soutenir ainsi suspendue dans le vide, ce serait méconnaître la première condition, non seulement de l'art, mais de la vie elle-même.

Si les sociétés, en effet, se transforment l'une après l'autre, elles s'annoncent aussi et se prédisent, pour ainsi parler, l'une l'autre ; chacune d'elles étant, à quelques égards, l'ébauche de celle qui la suit. La nature modèle les formes du genre humain, comme un sculpteur Elle prépare de loin et d'une manière continue les accidents les plus heurtés ; elle lie toutes les parties de ce grand corps ; les peuples aux peuples, les empires aux empires, les dogmes aux dogmes, les traditions aux traditions, comme elle unit les veines aux veines, les muscles aux muscles dans un corps organisé. C'est par cet artifice qu'elle réussit à faire, de tant de parties séparées par l'espace et par le temps, un même tout, qui porte un même nom, humanité, et qui, toujours se développant et changeant, reste néanmoins un seul et même être. Or, ce travail continu de la nature sur l'humanité est celui que les poètes de nos jours doivent en partie se proposer de reproduire ; car cette figure du genre humain, tout ancienne qu'elle est n'a pourtant été découverte en quelque sorte et pleinement manifestée que par les modernes.

Voilà pourquoi, imiter les anciens sans rien ajouter, ni rien retrancher, est une œuvre qu'aucun moderne ne peut désormais se proposer. Les ouvrages des Grecs resteront à jamais le type et la mesure infaillible du beau ; mais se condamner pour cela à jouter avec ces lutteurs invincibles, sans profiter des développements de la civilisation et du christianisme, cette idée n'entrera jamais dans l'esprit d'un homme qui aura la moindre pratique des arts. Ce serait vouloir combattre à nu avec les héros d'Homère, armés du ceste et du bouclier divin. Je suppose même que l'on vînt à bout de copier littéralement les lignes et les formes de l'antiquité, ne manquerait-il pas toujours à cet art la première condition de la beauté, c'est-à-dire la vie ? Mort en naissant, sans rapport avec aucun des éléments du monde réel, il appartiendrait à la classe des monstres. Au contraire, pour qu'une œuvre fondée sur la tradition de l'antiquité soit vivante, il est nécessaire qu'elle pénètre d'un esprit nouveau, et pour ainsi dire d'une âme nouvelle, les formes éternellement belles d'où l'esprit de l'humanité s'est retiré. C'est dans ce sens seulement que l'artiste imitera véritablement la nature, car elle aussi, poète par excellence, ne tire rien de rien ; mais, dans chacune de ses créations, elle se conforme à un type ancien, qu'elle anime d'une nouvelle vie. Elle travaille sur cet ancien modèle ; elle le développe, elle l'accroît, elle le modifie au dedans et au dehors. A la fin, elle en tire de nouvelles organisations, dans lesquelles un œil exercé découvre seul le type qui a servi de point de départ. Tel est aussi le procédé de l'art, soit qu'en cela il imite en effet la nature ou plutôt qu'il soit une partie supérieure de la nature elle-même.

La littérature tout entière des modernes n'est que la confirmation de ce qui précède. Dante, Calderon, Fénelon, Racine, Milton, Camoëns, pour ne parler que des morts, ont surabondamment prouvé avec quelle facilité.les sujets de la haute antiquité grecque se laissent interpréter et pénétrer par le génie de l'ancien et du nouveau Testament. Raphaël, que l'on a dit avec tant de raison être fils d'un ange et d'une muse, offre en foule des preuves plus frappantes encore de cette alliance. Quant aux créations les plus inexplicables de Michel Ange, je n'avance rien qui ne puisse être montré du doigt, en disant que ce sont, pour le plus grand nombre, des types de la statuaire païenne, agrandis par l'esprit de la Bible, Platon interprété par les prophètes. De là, il semble que, ramener les sujets de la haute antiquité aux traditions vitales du christianisme, ce soit rattacher à une souche commune les rameaux qui en ont été détachés par le temps.

De plus, si dans l'antiquité grecque il y avait des germes de christianisme, il resta au sein du christianisme un bien plus grand nombre de débris et de souvenirs du monde païen. Les dieux ne tombèrent pas en un moment. Chassés de l'Olympe, ils, obsédèrent longtemps encore la pensée des peuples. Sous la forme de démons, ils remplirent les imaginations encore à moitié profanes des solitaires. En montrant comme existant à la fois les dieux antiques sous cette forme dégradée et le christianisme naissant, je n'ai fait que me conformer à des faits très réels.

Les remarques précédentes n'ont eu pour objet que les bienséances de la poésie. En les approfondissant davantage, on trouve une difficulté bien autrement grande, qui m'a préoccupé dans tout le cours de ce poème, et devant laquelle on ne peut reculer. Quel est le rapport de l'art et de la religion ? Ne sont-ils, au fond, qu'une seule et même chose ? Concourent-ils au même objet ? Ou, s'il en est autrement, en quoi diffèrent-ils ? Par où se contredisent-ils ? Jusqu'où peut s'étendre sans impiété le mélange du profane et du sacré ? Cette question est renfermée dans presque tout ce qui a été indiqué plus haut.

Pour y répondre, je ne dirai point que l'art est fait pour l'art ; ce serait dire que le moyen a pour but le moyen. L'art a pour but le beau, que l'on a appelé la splendeur du vrai. Cependant, l'art n'est point l'orthodoxie, ni le drame ni l'épopée ne sont le culte ; le poète n'est pas le prêtre. Loin de là, en choisissant à son gré les éléments du dogme qu'il peut s'approprier, en rejetant les parties qu'il désespère d'assouplir, c'est-à-dire en exerçant sa critique sur les formes du culte, l'art commence le premier à altérer les traditions du sacerdoce. Aussi je ne suis point surpris que Platon ait exclu les poètes de sa république immuable. Je retrouve les mêmes sentiments dans saint Augustin, dans Pascal et dans Racine, vers la fin de sa vie. Ces hommes, d'une sincérité parfaite, n'ont pu manquer de voir que c'est par l'art que se modifient d'abord les choses anciennes ; car ces sortes de changements sont d'autant plus irrésistibles, Qu'ils sont presque toujours joints à un sentiment vrai d'adoration pour l'objet même que l'on transforme. Homère, qui nous semble aujourd'hui si crédule, a pourtant bouleversé de fond en comble le système religieux de la Grèce primitive. Combien d'hérésie ne découvrirait-on pas chez les tragiques, par qui surtout s'est opérée la transformation du génie antique ? Où est le symbole qu'ils n'aient changé ? Où est la tradition qu'ils aient respectée ? Venus après Homère, ils ont altéré la religion d'Homère. Que d'impiété dans le seul *Philoctète* de Sophocle ! Je ne parle pas du *Prométhée* et des *Euménides*, où la révolte est flagrante Le culte, à véritablement parler, ne semble plus, pour ces hommes, qu'une dépendance de l'art, un recueil ; de thèmes poétiques, qu'ils détournent sans scrupule du sens établi, « n'épargnant, comme le dit si bien La Fontaine, ni histoire ni fable où il s'agit de la bienséance et des règles du dramatique. »

Conçoit-on le changement qui se fit le jour où le poète se permit de traiter à son gré, c'est-à-dire d'arranger, d'interpréter, de changer, d'étendre arbitrairement le sens des traditions consacrées ? Pour moi, il me semble que, lorsque telle chose arriva, la révolution religieuse était déjà plus qu'à demi consommée. Je ne m'étonne point que le vieil Eschyle ait été traduit devant un tribunal pour se justifier de ses sacrilèges ; mais ce qui me surprend, c'est qu'il ait été absous. Les lyriques grecs qui nous sont connus méritaient d'ailleurs la même accusation. Evidemment Pindare ne cherche dans l'Olympe que des emblèmes de morale, et partout il tranche le dogme dans le vif, pour en faire sortir sa philosophie hautaine. Pense-t-on qu'Anacréon fût orthodoxe quand il égalait la joyeuse, la belle, la mélodieuse cigale aux grands dieux de l'Ida ? Et Platon lui-même, quelle était sa croyance au moment où il faisait dire à l'un des interlocuteurs de Socrate : « Je jurerai par un des dieux, ou, si tu l'aimes mieux, par ce platane ? » Que dirai-je de la poésie latine, qui naquit avec Lucrèce dans l'athéisme, et finit avec Juvénal par la satire de tous les cultes ? Que l'on me montre, dans tout cet intervalle, un seul poète qui ait eu la foi rigide du sacerdoce. Ce ne sera ni le philosophe Virgile, ni le sceptique Horace.

Que conclurai-je de tout cela ? Une seule chose : que l'immutabilité du dogme ne se trouve point dans l'art. Ce dernier corrige, embellit, accroît divinise son objet ; il peut tout, excepté se borner à une service-représentation. Voulez-vous vous donc vous attacher d'une manière inébranlable à la foi de vos pères ? défiez-vous du culte des statuaires, des peintres, en un mot, de tous ceux qui, sous l'apparence d'une imitation parfaitement fidèle, ne font, en définitive, que s'éloigner de plus en plis et irrévocablement de l'objet représenté ; les plus religieux vous entraînent à leur insu vers des formes différentes des anciennes. Quand ils croient adorer comme vous et dans les mêmes termes, ils développent, ils agrandissent, ils accroissent, en effet, le dogme qui vous est commun avec eux. Vous prononcez ensemble les mêmes paroles, il est vrai ; mais que le sens en est différent dans votre bouche et dans la leur ! Nourris de la foi des ancêtres, vous possédez, avec le repos du cœur et de l'intelligence l'harmonie dont l'art humain le plus accompli n'est qu'un écho affaibli et égaré. Gardez-vous donc de vous endormir dans la foi agitée des poètes ; vous pourriez vous réveiller dans le désespoir.

Que si j'étais, pour mon compte, assez heureux pour avoir conservé, sans aucun mélange de réflexion, la foi que j'ai reçue en naissant, tenez pour assuré que, sur un tel sujet, je ne composerais pas de poèmes, je ne sculpterais point de statues, je ne peindrais point de tableaux ; car je saurais trop que je ne puis faire aucune de ces choses, sans altérer le divin modèle vers lequel j'oserais à peine tourner mes yeux.

Malheur à celui qui, trompé par les artifices d'une parole cadencée, ou d'un tableau, ou d'une musique éclatante, croit posséder dans ce fantôme le Dieu immuable de ses pères ; je le préviens qu'il rencontrera, dans cet amusement, d'intolérables mécomptes.

En vain a-t-on prétendu, de nos, jours, qu'une religion ne fournir de matière à l'art, si ce n'est dans les temps où cette religion exerce sur les esprits une autorité absolue ; je trouve cette maxime démentie aussi bien par la nature des choses que par l'expérience de l'histoire. Un peu plus haut, je me suis appuyé sur le témoignage des anciens. Chez les modernes, tous les arts ont éclaté en même temps que le protestantisme a fait divorce avec l'église. N'oubliez pas que Raphaël est contemporain de Luther.

J'ai supposé que votre foi n'avait souffert aucune atteinte ; et j'ai dit que, dans ce cas, l'art n'avait rien à vous enseigner Je suppose maintenant tout le contraire, c'est-à-dire que l'esprit du siècle a ébranlé en vous la confiance dans l'autorité du passé ; que le vide que l'on sent aujourd'hui en toutes choses s'est étendu jusqu'à vous ; et je dis que cette poésie, que je tenais tout à l'heure pour malfaisante, devient pour vous le premier pas vers la guérison et la croyance.

En effet, si la poésie transforme son objet, elle ne peut détruire qu'elle n'élève, en même temps. Le même Euripide, qu'Aristophane accusait avec justice d'impiété au point de vue du dogme païen, nous semble aujourd'hui être un des devanciers du christianisme, et donne la main à l'auteur d'*Athalie* et d'*Esther*.

L'homme, quoi qu'il fasse, est tellement imbu de l'esprit saint, qu'il n'a, en quelque sorte, qu'un seul moyen de s'en dépouiller ; et ce moyen est de déguiser son doute sous le masque de la foi. Au contraire, il est visible qu'il y a quelque chose de Dieu dans toute pensée sincère de l'homme. N'y a-t-il rien de religieux dans l'ame qui s'élance à la recherche de l'idole perdue ou inconnue ? Et celui qui fouille son cœur pour en connaître la misère, n'est-il pas plus près de la guérison que celui qui s'endort tranquillement dans l'illusion et la tiédeur ?

Si donc c'est être impie de penser que le christianisme du XIXe siècle est différent du christianisme du XIIe, alors, pour ma part, je mérite l'accusation dont mon obscurité ne m'a pas toujours défendu. Si, au contraire, c'est être religieux de reconnaître en chaque chose la présence de l'infini ; si c'est être croyant de garder le culte des morts et la foi dans l'éternelle résurrection, si c'est être ami de Dieu, de le chercher, de l'appeler, de le reconnaître sous chaque forme du monde visible et invisible, c'est-à-dire dans chaque moment de l'histoire, et dans chaque lieu de la nature, sans toutefois le confondre ni avec l'une ni avec l'autre de ces choses, alors celui qui écrit ces lignes est tout le contraire de l'impie.

Je ne nierai pas, cependant, qu'en Europe des voix nombreuses ne s'élèvent contre le mouvement général que la pensée reçoit de l'impulsion de la France ; alarmés par ces clameurs, faut-il revenir sur nos pas et nous renier nous-mêmes ? Ce retour ne serait plus possible, supposé même qu'il fallût le désirer. La France ressemble aux Israélites marchant dans le désert Nous sommes égarés, si vous le voulez. Il est vrai aussi que nous avons laissé en arrière plusieurs idoles chéries. Maint peuple dit de nous : Où vont-ils ? Ils ont perdu la voie. Mais pourtant, dans ce désert de l'égarement, chaque pas nous rapproche de la terre promise.

D'ailleurs, si le repos nous manque autant qu'on le prétend, ce n'est pas nous qui l'avons ôté du monde. Je remarque que le genre humain n'a connu de véritable paix qu'au sein de la civilisation grecque. Alors, sans inquiétude sur sa propre fragilité, satisfait de sa condition sur la terre, l'homme aimait, idolâtrait la vie ; mais que ce moment fut court ! La civilisation des Romains n'est déjà qu'agitation et discorde, la guerre entre les patriciens et les plébéiens ayant commencé chez eux. Ce fut bien pis quand le christianisme vint à paraître. Depuis ce jour, saisi d'ambitions infinies, méprisant le monde comme indigne de ses regards, l'homme s'est hâté sans relâche vers un but invisible. Vous nous reprochez notre inquiétude : hélas ! voilà plus de deux mille ans que le genre humain ne s'est assis nulle part.

Nous sommes ici, non pour nous reposer et nous réjouir dans la tranquille possession de la foi du passé, mais pour nous encourager les uns les autres à la recherche et à la possession de l'Éternel, qui est passé, présent et avenir tout ensemble.

Assez de voix, d'ailleurs, nous crient que l'art est désormais sans. objet, que personne n'en veut plus, que d'autres intérêts lui ont pour jamais succédé Dans cette lutte d'un seul contre tous, pressé à la fois par les croyants et par les sceptiques, ne trouvant, autour de lui, qu'entraves et difficultés renaissantes, faut-il que l'artiste se soumette sans réserve à la merci du plus grand nombre ? Tel n'est point mon avis. De même qu'aux époques du moyen-âge les plus ennemies de l'intelligence, certaines pensées de salut se sont conservées dans les solitudes incultes des anachorètes et sur des monts escarpés, de même, aujourd'hui, il n'est peut-être pas inutile que les traditions de quelques dogmes sacrés (sans lesquels nulle civilisation n'est possible), se conservent à l'écart dans un petit nombre d'âmes inconnues ou reniées : poètes, philosophes, prêtres, artistes, rêveurs, qu'importe leur nom.

Après avoir été successivement théocratique, aristocratique, monarchique, si l'art se faisait aujourd'hui le précurseur de l'unité sociale à laquelle sont conviées toutes les démocraties modernes ; sans se laisser aveugler par l'esprit de système, si l'artiste fidèle. Toutefois aux traditions et au génie de son pays, étendait ces traditions et ce génie de telle sorte qu'ils devinssent l'expression non d'un homme, mais d'un peuple ; non d'un peuple, mais de tous les contemporains ; non d'un moment de l'histoire, mais de tous les âges de l'humanité ; croit-on que cette carrière, ouverte, au reste, à nos descendants, fût stérile ou indigne d'occuper les loisirs d'un homme de nos jours ?

S'il est des formes à travers lesquelles l'avenir se laisse déjà pénétrer, il est aussi un grand nombre de pensées abandonnées qu'il convient de rappeler. Le dogme de la fatalité l'emporte, au moment où l'on écrit ces lignes ; qui le nie ? Il domine dans la métaphysique, dans la morale, surtout dans les actions humaines. Qui ne croirait que sa victoire est consommée et que c'en est fait pour jamais de celle vieille cause de la liberté morale pour laquelle tant de noble sang a été répandu, et qui a maintenu pendant tant de siècles en haleine la dignité et la grandeur du monde ? Et pourtant un jour viendra où ces doctrines sacrées reparaîtront. Brisant les liens de la corruption, l'homme recouvrera sa conscience et son libre arbitre ; Prométhée enchaîné sera délivré : c'est du moins là un des dogmes de la religion des poètes.

Je ne puis m'empêcher de croire aussi que l'on s'est trop hâté de considérer le juste, le beau, le saint, comme choses surannées et dûment ensevelies. Quoique aussi vieilles que le monde, ces théories ne se doivent point tenir pour battues. Émancipé d'hier, l'homme moderne se glorifie trop vite de n'aimer que la terre ; prenez garde que cet amour exclusif de la glèbe ne sente le servage. En vain, vous vous félicitez d'être débarrassés de l'âme ; il faudra bien qu'elle renaisse. Ornez La terre tant qu'il vous plaira, creusez-la, sondez-la, fouillez-la dans ses dernières profondeurs. Abaissez les collines, élevez les vallées, détournez les fleuves, vantez-vous tant que vous voudrez de votre victoire sur l nature ; triomphez ; faites vous-mêmes votre apothéose. Après, cela, vous ne trouverez néanmoins que ce que la terre possède, et qui a déjà tant embarrassé vos ancêtres, à savoir : les inquiétudes, les sueurs amères, le néant des choses finies, le temps qui dévore tout, et, pour couronnement, la mort, l'inévitable mort. Tant que vous n'aurez pas affranchi le monde de cette dernière infirmité, je vous avertis qu'il manque quelque chose d'important à votre triomphe, et je me ris par avance de vos promesses. Pensez-vous être les premiers qui aient voulu lier le genre humain tout vivant au cadavre du globe, et qui, possédant la terre, aient cru posséder le ciel ? Cette illusion a toujours reparu dans les temps de défaillance et de servitude morale. Qu'il y a longtemps que les peuples, s'agenouillant dans le désert autour du veau d'or, crurent que c'était là le but de leurs travaux, et qu'il fallait s'y arrêter ! Et, au contraire, ce fut le moment où il fallut se relever et marcher au-devant de meilleures destinées. Plus tard, les affranchis dans Rome ne songèrent, comme vous, qu'à leur pécule. Et pourtant de plus hautes pensées ne manquèrent pas d'envahir les esprits et d'emporter le monde. De même aujourd'hui, les démocraties modernes, ou seront condamnées à une honteuse infériorité à l'égard des pouvoirs qui les ont précédées, ou se mettront à la tête des éternelles et splendides doctrines du genre humain ; justice, amour, beauté, immortalité, héroïsme, conscience, plaisirs de l'âme, traditions de toutes les intelligences, qui ont éclairé et orné les temps passés, ne périront pas si tôt, et l'humanité ne sera point inféodée à la matière et au sépulcre. Relevons donc nos cœurs en prenant possession du gouvernement du monde, ou, ne le pouvant, retournons- à la glèbe. Entre ces choses, point de milieu, il faut choisir.